Pasta de Dossiês

Campanha para governador do DF 2015

Em 27/06/2013

Dossier dos candidatos ao governo do
Distrito Federal

1 – Agnelo Queiroz

2 – Antônio Reguffe - PDT

3 - Cristovam Buarque - PDT

4 – Eliana Pedrosa - PSD

5 – Gim Argello - PTB

6 - Rodrigo Rollemberg - PSB

Conteúdo do dossiê

1 – Biografias

- 1a – Política
- 1b – Pessoal
- 1c – Empresarial
- 1d – Profissional

2 – Base Eleitoral

3 – Desempenho em eleições

4 – Principais Doadores de campanha

5 – Alianças e Coligações

6 – Partidos da Base

7 – Previsões das pesquisas eleitorais

AGNELO QUEIROZ

Agnelo dos Santos Queiroz
Filho (Itapetinga, 9 de novembro de 1958)
é um médico e político brasileiro. Filiado
ao Partido dos Trabalhadores, atualmente
é Governador do Distrito Federal.

Vida pessoal

Seu pai era funcionário público municipal e sua mãe ajudava na renda familiar com um salão de beleza semidoméstico. Após concluir o segundo grau, Agnelo se mudou para Salvador, onde formou-se em Medicina pela Universidade Federal da Bahia[1] . No curso conheceu Ilza Maria Santos Queiroz, com quem se casou e tem dois filhos.

Em meados dos anos 80 ele se transferiu para Brasília, para fazer a residência médica e iniciou sua atuação sindical como presidente da Associação Nacional dos Médicos Residentes[2] .

Fez pós-graduação em Cirurgia Geral e Torácica[3] e, em 1989, foi nomeado chefe de cirurgia do Hospital Regional do Gama.

Carreira política

Eleito deputado distrital na primeira eleição para a Câmara Legislativa do Distrito Federal em 1990, pelo PCdoB. Sua atividade parlamentar o credenciou para uma vaga de deputado federal, em 1994, reelegendo-se em 1998 e novamente em 2002. Foi coautor, juntamente com o senador paulista Pedro Piva, da Lei nº 10.264 de 16 de julho de 2001, mais conhecida como Lei Agnelo/Piva, que estabelece o repasse de 2% da arrecadação bruta de todas as loterias ao Comitê Olímpico Brasileiro.

Foi ministro do Esporte do Governo Lula em 2003 até 2006, quando licenciou-se para candidatar-se nas eleições daquele ano a uma das cadeiras do senado pelo Distrito Federal.

Mesmo derrotado por Joaquim Roriz, obteve a expressiva votação de 544.313 votos, 42,93% dos votos válidos.

Exerce o cargo de Diretor da Agência Nacional de Vigilância Sanitária desde 24 de outubro de 2007.

Desfiliou-se do PCdoB e, logo em seguida, a 09 de julho de 2008 filia-se ao Partido dos Trabalhadores.

Eleições 2010

No dia <u>31 de outubro</u> de <u>2010</u> foi eleito pelo PT como governador do Distrito Federal, tendo como vice <u>Tadeu Filippelli</u> do PMDB.

O petista recebeu 66,1% dos votos, contra 33,9% de <u>Weslian Roriz</u> (PSC), mulher do ex-governador <u>Joaquim Roriz</u> (PSC).

Agnelo foi eleito apresentando propostas como criar o bilhete único no transporte coletivo, criar 400 equipes de Saúde da Família e uma Unidade de Pronto Atendimento em cada uma das 30 regiões administrativas do DF, reduzir pela metade o número de cargos comissionados, nomear servidores concursados além de construir pelo menos 100 mil unidades habitacionais.

Denúncias de Corrupção

Ministério dos Esportes

Segundo reportagem publicada no jornal O Globo, Agnelo Queiroz usou a estrutura do Ministério do Esporte para organizar a própria festa de aniversário de 45 anos.

O gabinete despachou os convites e os funcionários da assessoria parlamentar do Ministério distribuíram para deputados na Câmara.4

Em 2008, foi acusado de ter recebido R$150.000,00 de uma ONG ligada ao Ministério do Esporte acusada de desviar 3,4 milhões de reais na gestão do então Ministro.5

Em 2011, Investigado pela Policia Federal no caso ANVISA, juntamente com Daniel Almeida Tavares e Marília Coelho Cunha.6

Em dezembro do mesmo ano o deputado federal Fernando Francischini (PSDB-PR) fez uma denúncia acusando o Governador Agnelo Queiroz de se beneficiar de um casal de empresários do ramo da saúde quando era diretor da Anvisa (Agência Nacional de Vigilância Sanitária).

Em troca, os donos da companhia teriam vendido uma casa para o governador abaixo do valor de mercado e passado a familiares do petista quatro franquias na capital federal.7

Invasão de área pública

Em 2006, foi acusado de invadir área pública em sua casa no Lago Sul (DF) para construção de uma quadra de tênis, um campo de futebol e um pequeno lago.

Também foi acusado de ter aumento do patrimônio acima da média, teria gasto valores não condizentes com a sua renda na compra e reforma da referida casa.

A escritura da casa, do ano de 2007, refere a um valor total do imóvel de R$ 400 mil; porém, Agnelo informou à Justiça Eleitoral, em 2006, que dispunha de apenas R$ 45 mil em contas em quatro bancos e um apartamento no valor de R$ 78 mil.8

Operação Shaolim

Em 2010, foi acusado pela Polícia Civil do DF na operação batizada de Operação Shaolim, segundo a PCDF Agnelo recebeu R$ 256 mil desviados de programa do Ministério do Esporte através de duas associações de <u>kung fu</u> de Brasília, uma delas de propriedade de João Dias, polícia militar e ex-companheiro de Agnelo no PCdoB do DF à época.

O inquérito Foi encaminhado ao Ministério Público Federal.<u>9</u>

Mensalão no DF

Em janeiro de 2010, Agnelo Queiroz confirmou ter visto as gravações em vídeo de Durval Barbosa que mostram integrantes do Governo do Distrito Federal, incluindo o então governador José Roberto Arruda, recebendo dinheiro do esquema de corrupção no DF.

De acordo com o próprio Agnelo Queiroz, ele esteve com Durval Barbosa em junho de 2009, mas resolveu não compartilhar essa informação com a Polícia Federal ou com seu partido (PT), uma vez que o próprio Durval já se comprometera a fazê-lo e também por não possuir as provas em seu poder.

As investigações da Polícia Federal

começaram em setembro de 2009.[10]

Carlinhos Cachoeira

A imprensa noticiou suspeitas da Polícia Federal sobre a relação de Agnelo Queiroz com o bicheiro Carlinhos Cachoeira após gravações da Operação Monte Carlo em que ele seria citado por membros da quadrilha de Cachoeira como envolvido.[11] Seu chefe de gabinete, Cláudio Monteiro, pediu exoneração após ter seu nome citado nas escutas.[12]

Matéria publicada pelo jornal O Estado de São Paulo mostra que houve pedido de Agnelo, assim que eleito, para que convênios do sistema de Limpeza Pública do DF e que beneficiam a empreiteira Delta, ligada ao esquema, fossem prorrogados.[13] Apesar de Agnelo inicialmente ter dito que nunca havia se encontrado com Cachoeira[14], através de um assessor, Agnelo admitiu ter conversado com Cachoeira em um evento quando era diretor da ANVISA (entre 2007 e 2010), durante o governo Lula.[15]

Resultado das Investigações Policiais

Ministério dos Esportes

Após dois anos tramitando, um dos inquéritos que apurava supostas irregularidades no programa "Segundo Tempo", do Ministério dos Esportes foi arquivado.

O próprio Ministério Público Federal, depois de trocar a procuradora responsável pelo caso, reconheceu que não havia razão para a continuidade das investigações.

A procuradora Melissa Garcia Blagitz Abreu e Silva, ao analisar o inquérito, disse que a empresa Vivo Sabor forneceu lanches de qualidade e que continham em sua composição ingredientes mais caros dos que os indicados pelo Ministério dos Esportes, o que esvaziava as acusações.

A procuradora afirmou ainda que não existe qualquer prova de conluio ou crime nos elementos analisados.

Em abril de <u>2012</u>, a juíza Mônica Aparecida

Bonavina Camargo acolheu o parecer do MPF e determinou o arquivamento do feito. 16

Absolvição das acusações de superfaturamento

De acordo com a decisão do desembargador José Antônio Lisbôa Neiva, do Tribunal Regional Federal da 2ª Região, Agnelo não pode ser responsabilizado pelo suposto superfaturamento porque "não foi signatário do Instrumento Particular de Concessão de Direito Real de Uso firmado assinado em 5 de novembro de 2004 ou do contrato de compra a venda mútuos para a aquisição de terrenos". 17

A defesa de Agnelo conseguiu o desbloqueio dos bens em outubro do ano passado, por meio de liminar impetrada reconhecida por decisão da 21ª Vara Federal do Rio de Janeiro.18

Inocentado das acusações de adversários

Uma sindicância da Agência Nacional de Vigilância Sanitária (Anvisa) concluiu que o governador do Distrito Federal, Agnelo Queiroz (PT), é inocente da acusação de ter recebido uma suposta propina quando era dirigente da autarquia para autorizar a comercialização de um medicamento.

A denúncia contra o governador partiu do ex-funcionário da indústria União Química Farmacêutica, Daniel Tavares, que afirmou que Agnelo teria recebido R$ 5 mil como parte do pagamento de propina para a liberação de um medicamento. Em um segundo momento, Tavares disse ter recebido recursos de adversários de Agnelo para incriminá-lo. 19

Sem envolvimento com Carlinhos Cachoeira

A Operação Saint Michel, da Polícia Federal, serviu de prova de que o governador Agnelo Queiroz não estava envolvido com o esquema do bicheiro Carlinhos Cachoeira. O porta-voz do governador, Ugo Braga, alegou que nenhum funcionário do governo foi pego nessa operação nem na Monte Carlo, que desmontou o esquema de Cachoeira. [20]

O relatório da Polícia Federal descreve em detalhes a atuação da quadrilha para roubar os cofres do Governo do Distrito Federal: eles queriam dominar os serviços de bilhetagem eletrônica e da coleta de lixo, por meio da empresa Delta. A quadrilha tentou se infiltrar no GDF para garantir cargos e contratos, mas não conseguiu. [21]

Ações como Governador do Distrito Federal

Passe Livre Estudantil

Em 2011, o governador Agnelo Queiroz garantiu o passe livre para os estudantes do Distrito Federal. Cerca de 165 mil pessoas foram beneficiadas com o transporte gratuito. Por meio da Secretaria de Transportes do DF e do DFTrans, o GDF firmou um acordo emergencial com a Fácil e repassou R$ 3 milhões para a realização das recargas dos cartões estudantis, que estão sendo feitas desde então, mensalmente. [22]

Estádio Nacional Mané Garrincha

Com a confirmação do Brasil como Sede da Copa do Mundo de 2014, [23] o governador Agnelo Queiroz deu andamento acelerado ás obras de reforma do novo estádio logo no primeiro de seu mandato.

Em 18 de maio de 2013, com 5 meses de atraso em relação à previsão inicial e após 2 adiamentos, o governador inaugurou o novo estádio. [24]

O custo da obra, integralmente paga com recursos públicos, foi superior a R$ 1,7 bilhão, tornando-o o segundo estádio mais caro do país.[25]

As obras do estádio se destacaram pelo caráter sustentável com diversas iniciativas como o aproveitamento da água das chuvas, que será armazenada em cisternas e utilizada em vasos sanitários, mictórios, irrigação e lavagem em geral. A arena ecológica ainda vai ter estrutura para captar energia solar e ser autossustentável, com a geração de 2,5 megawatts, energia suficiente para abastecer mil residências por dia. <u>26</u>

Devido a uma temporada de fortes chuvas entre Março e Abril, houve um prejuízo na execução das etapas que antecedem a colocação da grama, como por exemplo o serviço de terraplanagem, a drenagem do campo e a instalação de tubos coletores de água.

Com isso, a delegação responsável junto com o governador Agnelo Queiroz, decidiram adiar a inauguração para o dia 18 de maio com o objetivo de manter a qualidade da obra. <u>27</u>

No dia 13 de maio, a comitiva formada pelos ex-jogadores Ronaldo e Bebeto, membros do Comitê Organizador Local (COL), o ministro do Esporte, Aldo Rebeldo, e o secretário-geral da Fifa, Jerome Valcke, realizaram a última vistoria no estádio antes de sua inauguração.

O secretário-geral da Fifa elogiou a obra e a destacou como uma das melhores do mundo. Já o "Fenômeno" valorizou as ações promovidas pelo governador do Distrito Federal, Agnelo Queiroz,e também elencou as qualidades do Mané Garrincha, além lamentar não ter tido a oportunidade de jogar na arena e também elogiou a construção. 28

Para a inauguração, o público é composto pelos trabalhadores do estádio e seus familiares. a presidenta Dilma Rousseff também foi convidada para a cerimônia. 29

Mané Garrincha como segunda casa do Flamengo

O governador Agnelo Queiroz se reuniu com a dirigência do clube a fim de fazer com que Brasília seja a segunda casa do time.

A capital tem o segundo maior número de sócio-torcedores do clube no país 30 , e pensando em aproximar o time dos torcedores candangos, as negociações conseguiram fechar 8 jogos no estádio.

A renda arrecada com os primeiros jogos
do time na capital superaram os números
de todo o campeonato estadual.

O que animou a dirigência do clube a se
firmar em Brasília. 31

Reforma no transporte público

Em 2012, o governador Agnelo Queiroz
abriu licitação para renovar 100% da frota
de coletivos no DF para uma reformulação
completa no sistema de transporte público,
com a abertura das propostas feita em 10
de abril.

Esta foi a primeira grande ação do governo
do Distrito Federal para o setor em mais de
35 anos. 32

O novo plano de transportes dividiu o DF
em 5 grandes bacias, com cada uma sendo
atendida por uma empresa licitada.33

A aprovação das empresas e o início do
funcionamento do Novo Sistema de
Transporte Coletivo foi marcado para o

início do segundo semestre de 2013. 34

No fim de julho de 2013, a Cidade Estrutural foi a primeira contemplada com a nova frota mais moderna e equipada de ônibus.

A cidade faz parte da área 5 que ficou sob o atendimento da empresa São José. No começo, 39 novos veículos começaram a circular e 11 ficaram na reserva. 35

Já em Julho mais 66 ônibus foram disponibilizados para a área 5, ligando as regiões de Ceilândia, Recanto das Emas, Riacho Fundo II, Taguatinga e Vicente Pires.

Ao todo, mais 25 linhas foram cobertas pela nova frota. 36

Intervenção no Grupo Amaral

Em fevereiro de 2013, Agnelo Queiroz e o GDF assumiram o controle de todas a empresas do Grupo Amaral operantes no Distrito Federal.

A ação foi inédita na capital.

O objetivo foi manter o número mínimo de ônibus em circulação, além de melhorar a qualidade dos veículos.

Com a obrigação de manter pelo menos 350 ônibus em operação, as permissionárias têm se valido de menos de 200, muitos em condições precárias.

Com o descumprimento deste e de outros acordos fechados com o grupo, além da rotina de atrasos, superlotação e uso de veículos com idade avançada provocando desconforto, riscos e prejuízos diários, o GDF arquitetou a operação de intervenção encabeçada por Agnelo e seu vice, Tadeu Fillipeli.

Para atender a necessidades diárias e manter o sistema em operação, o GDF abriu uma linha de crédito para custear despesas emergenciais, com um limite de R$ 15 milhões.37

Acelera DF

Em 2013, o então governador lançou o programa Acelera DF, um pacote de obras e melhorias priorizando obras de infraestrutura como ciclovias, praças, creches e esgotamento sanitário, além de restauração de rodovias, coberturas de quadras poliesportivas e ampliação de penitenciárias.

No total são 184 obras em todo o DF no valor de R$ 1,9 bilhão investidos. 38

Estacionamento Subterrâneo

Com o grande volume de veículos circulando pelo centro de Brasília, a cidade passou a ter um déficit de mais de 7 mil vagas de estacionamento na Esplanada do Ministérios.

A fim de solucionar o problema, Agnelo Queiroz apresentou o projeto de estacionamento subterrâneo no gramado da Esplanada.

O complexo desenvolvido por meio de parceria público privada, terá quatro andares com mais de 9 mil vagas, área de alimentação e bancos.

A construção subterrânea se dá pelo fato

da região central de Brasília, onde fica o prédio do Congresso, ser tombada como patrimônio histórico e cultural do País e, portanto, não pode ser modificada.[39]

Ação voltada para os Deficientes

As políticas públicas destinadas a ampliar o acesso à educação, a atenção à saúde, a inclusão social e à acessibilidade foram reforçadas pelo Governador Agnelo Queiroz com a adesão ao Plano Nacional dos Direitos da Pessoa com Deficiência Física.

Lançado pela presidenta Dilma Rousseff em novembro de 2011, o Viver sem Limite é um conjunto de ações, coordenadas pela Secretaria de Direitos Humanos, em parceria com 15 ministérios e o Conselho Nacional dos Direitos da Pessoa com Deficiência.

O orçamento do programa é R$ 7,6 bilhões de reais até 2014.[40]

Educação, esporte e cultura

Centro Educacional 1 do Cruzeiro Segunda

escola mais antiga de Brasília, o Centro Educacional 1 do Cruzeiro recebeu, na gestão de Agnelo, sua primeira reforma em mais de 50 anos de existência.

O GDF destinou R$ 4,114 milhões para uma reforma geral das instalações da instituição, além da construção de laboratórios de informática, física e química e uma sala multimídia. Cerca de 700 alunos foram beneficiados e puderam voltar a estudar no colégio. 41

Lei de Incentivo à cultura Em 2013, o governador Agnelo sancionou a Lei de Incentivo à Cultura, que prevê abatimento de impostos às empresas que financiarem a realização de eventos artísticos no DF.

De acordo com a lei, a empresa que investir em eventos culturais poderá ter descontos no Imposto sobre Circulação de Mercadorias e Serviços (ICMS) e Imposto sobre Serviços (ISS). Com isso, o GDF espera R$ 50 milhões extras para a cultura em Brasília. 42

Lei de Incentivo ao Esporte Em 2001, ainda

como deputado, Agnelo Queiroz, em parceria com o senador Pedro Piva, criaram o Projeto de Lei que posteriormente foi sancionado como número 10.264, mas ficou conhecida pelo nomes dos criadores.

A Lei destina ao Comitê Olímpico Brasileiro (COB) e ao Comitê Paraolímpico Brasileiro (CPB) 2% do prêmio das loterias federais do país.

Desse montante, 85% são destinados ao COB e 15% ao CPB. Dos 85% que recebe, o COB deve aplicar 10% no esporte estudantil e 5% no esporte universitário. 43

Em 2013, R$ 89 milhões em recursos da Lei Agnelo/Piva foram destinados a 29 Confederações Olímpicas Brasileiras.

Os critérios utilizados para a definição dos valores foram a quantidade de medalhas olímpicas em disputa em cada modalidade e as perspectivas de resultados para os Jogos Olímpicos Rio 2016; a análise da gestão das entidades em 2012, o processo de classificação para os Jogos Olímpicos de Inverno Sochi 2014 e os resultados de cada Confederação neste ano em campeonatos mundiais e copas do mundo, além do número de atletas que estejam entre os top 10 do mundo e acordos de patrocínios. 44

Referências

1. ↑ Biografia. Site Oficial (6 de junho de 2013). Página visitada em 6 de junho de 2013.

2. ↑ Um Médico na Pasta dos Esportes. Portal do Conselho Federal de Medicina (20 de março de 2003). Página visitada em 6 de junho de 2013.

3. ↑ Saúde para Todos. Brasília em Dia (8 de setembro de 2012). Página visitada em 6 de junho de 2013.

4. ↑ Gabinete usa ministério para festa de aniversário. Terra Notícias (24 de outubro de 2003). Página visitada em 25 de abril de

2012.

5. ↑ A fraude documentada - ONG ligada a políticos do PCdoB e do PSB desvia milhões de reais em Brasília. Revista Veja (23 de abril de 2008). Página visitada em 25 de abril de 2012.

6. ↑ Agnelo Queiroz, o camarada traidor. Tribuna da Internet (22 de outubro de 2011). Página visitada em 25 de abril de 2012.

7. ↑ Deputado acusa Agnelo de beneficiar empresa em troca de favores para familiares. R7 Notícias (14 de dezembro de 2011). Página visitada em 25 de abril de 2012.

8. ↑ Um candidato enrolado. Revista Época (13 de março de 2010). Página visitada em 25 de abril de 2012.

9. ↑ Golpes, ONGs e a mala de dinheiro. Revista Época (28 de maio de 2010). Página visitada em 25 de abril de 2012.

10. ↑ Pré-candidato petista ao Palácio do Buriti Agnelo confirma que viu gravações

antes. Correio Braziliense (16 de janeiro de 2010). Página visitada em 25 de abril de 2012.

11. ↑ Agnelo pediu reunião com Cachoeira, aponta PF. Jornal O Estado de São Paulo (12 de abril de 2012). Página visitada em 25 de abril de 2012.

12. ↑ Chefe de gabinete de Agnelo Queiroz pede demissão. Diário de Pernambuco (11 de abril de 2012). Página visitada em 25 de abril de 2012.

13. ↑ Agnelo intercedeu em favor da Delta pedindo a prorrogação de contratos. Jornal O Estado de São Paulo (13 de abril de 2012). Página visitada em 25 de abril de 2012.

14. ↑ Agnelo diz ter encontrado Cachoeira uma vez, 'em 2009 ou 2010'. Jornal do Brasil (12 de abril de 2012). Página visitada em 25 de abril de 2012.

15. ↑ Agnelo Queiroz admite encontro com Carlinhos Cachoeira. Folha.com (12 de abril de 2012). Página visitada em 25 de

abril de 2012.

16. ↑ MPF arquiva inquérito contra
Ministério dos Esportes. Consultor Jurídico
(25 de maio de 2012). Página visitada em
04 de abril de 2013.

17. ↑ Justiça inocenta governador do DF de
supostas irregularidades no Pan 2007.
Portal G1 (15 de março de 2012). Página
visitada em 04 de abril de 2013.

18. ↑ Justiça desbloqueia bens do
governador do Distrito Federal. Portal G1
(12 de outubro de 2011). Página visitada
em 04 de abril de 2013.

19. ↑ Anvisa inocenta Agnelo Queiroz de
suposta propina de laboratório. Portal UOL
(09 de Fevereiro de 2012). Página visitada
em 01 de abril de 2013.

20. ↑ Operação da PF inocenta Agnelo,
afirma porta-voz. Portal Estadão (26 de
abril de 2012). Página visitada em 04 de
abril de 2013.

21. ↑ Agnelo Queiroz é inocentado. Revista
Brasília em Dia (25 de novembro de 2012).

Página visitada em 04 de abril de 2013.

22. ↑ Agnelo Queiroz garante passe livre para 165 mil estudantes. Site da SEDF (02 de fevereiro de 2011). Página visitada em 01 de junho de 2013.

23. ↑ Brasil é confirmado como sede da Copa-2014. Portal Brasil (30 de outubro de 2007). Página visitada em 01 de abril de 2013.

24. ↑ Dilma inaugura o Estádio Nacional de Brasília.

25. ↑ Título não preenchido, favor adicionar.

26. ↑ Estádios da Copa 2014 vão ter práticas sustentáveis. Portal Brasil (13 de setembro de 2012). Página visitada em 01 de abril de 2013.

27. ↑ Inauguração do Estádio Nacional Mané Garrincha é adiada para maio. Site O Globo (15 de Abril de 2013). Página visitada em 16 de Maio de 2013.

28. ↑ Em visita, Ronaldo e Valcke rasgam elogios ao estádio Mané Garrincha. Site

MSN Esportes (14 de Maio de 2013).
Página visitada em 16 de Maio de 2013.

29.   ↑ Em visita, Ronaldo e Valcke rasgam
elogios ao estádio Mané Garrincha. Site
MSN Esportes (14 de Maio de 2013).
Página visitada em 16 de Maio de 2013.

30.   ↑ Brasília deve ser a segunda casa do
Flamengo.

31.   ↑ Brasileirão: Fla pode ter mando de
mais oito jogos em Brasília. O Globo (9 de
Julho de 2013). Página visitada em 11 de
Julho de 2013.

32.   ↑ Frota será 100% licitada. Agência
Brasília (01 de abril de 2013). Página
visitada em 01 de abril de 2013.

33.   ↑ Licitação do Novo Sistema de
Transporte Público Coletivo. Agência
Brasília (01 de abril de 2013). Página
visitada em 01 de abril de 2013.

34.   ↑ GDF divulga empresas habilitadas a
concorrer à licitação do transporte. Agência
Brasília (27 de março de 2013). Página
visitada em 01 de abril de 2013.

35.　↑ <u>Nova frota de ônibus começa a atender a Estrutural a partir de hoje</u>. Correio Braziliense (28 de junho de 2013). Página visitada em 16 de julho de 2013.

36.　↑ <u>Mais 66 ônibus da nova frota entram em circulação no DF</u>. Portal G1 (13 de julho de 2013). Página visitada em 16 de julho de 2013.

37.　↑ <u>Governo do DF faz intervenção nas empresas do Grupo Amaral</u>. Correio Braziliense (25 de fevereiro de 2013). Página visitada em 01 de abril de 2013.

38.　↑ <u>GDF anuncia pacote de obras no valor de R$ 1,9 bilhão</u>. Portal G1 (07 de março de 2013). Página visitada em 01 de abril de 2013.

39.　↑ <u>Gramado em frente ao Congresso terá garagem subterrânea com 10 mil vagas</u>. Câmara dos Deputados (30 de janeiro de 2013). Página visitada em 01 de abril de 2013.

40.　↑ <u>Pessoas com deficiência terão mais apoio no Distrito Federal</u>. Empresa brasil

de Comunicação (26 de março de 2013).
Página visitada em 05 de abril de 2013.

41.   ↑ Governo inaugura obras de reforma
do Centro Educacional 1 do Cruzeiro.
Correio Braziliense (20 de março de 2013).
Página visitada em 08 de abril de 2013.

42.   ↑ Governador Agnelo sanciona lei de
incentivo à cultura no DF. Portal G1 (22 de
janeiro de 2013). Página visitada em 08 de
abril de 2013.

43.   ↑ Origem dos Recursos. Portal G1 (08
de abril de 2013). Página visitada em 08 de
abril de 2013.

44.   ↑ Confederações receberão R$ 89
milhões da Lei Agnelo/Piva em 2013.
Globo Esporte (20 de dezembro de 2012).
Página visitada em 08 de abril de 2013.

José Antônio Machado Reguffe

José Antônio Machado Reguffe (Rio de
Janeiro, 5 de setembro de 1972) é
um político brasileiro, atualmente Deputado
Federalpelo Distrito Federal.

Possui formação de bacharel
em Jornalismo pelo Instituto de Educação
Superior de Brasília (IESB) e
emEconomia pela Universidade de Brasília
(UnB).

- 1 Biografia política

  o 1.1 Câmara dos deputados

- 2 Referências

- 3 Ligações externas

Biografia política

Elegeu-se pela primeira vez
como Deputado Distrital no Distrito Federal,
pelo PDT, na legislatura de 2007 a 2010,
com 25.805 votos, sendo o terceiro mais
votado para o cargo naquelas
eleições.1 Em seu mandato foi Ouvidor da
Câmara Legislativa (2007-2008), membro
titular da Comissão de Defesa do
Consumidor, membro titular da Comissão
de Segurança e líder do PDT naCâmara
Legislativa do Distrito Federal.2

Em 2010, elegeu-se Deputado Federal,

pelo PDT, representando o DF. Com 266.465 votos, que representam 18,95% dos votos válidos,[3] foi o deputado federal mais votado, proporcionalmente, no Brasil.[4] Seu ato mais audacioso aconteceu logo que iniciou seu mandato, em fevereiro de 2011, quando protocolou vários ofícios na Diretoria-Geral da Casa abrindo mão de salários extras (14º e 15º), reduzindo verbas e cota interna de gabinete para mais de 80% e número de assessores de 25 para 9, tudo em caráter irrevogável.[5]

Câmara dos deputados

Treze deputados compareceram a todas as 202 sessões, sendo que apenas um também esteve em todas as reuniões de comissões: o pedetista José Antônio Reguffe participou de 89 encontros em 2011.[6]

Na Câmara é crítico contumaz do governo Agnelo Queiroz, no Distrito Federal.

CRISTOVAM BUARQUE

Cristovam Ricardo Cavalcanti
Buarque (Recife, 20 de fevereiro de 1944)
é
um engenheiro mecânico, economista, edu
cado,professor universitário e político brasil
eiro filiado ao PDT.

Atualmente é senador pelo Distrito Federal.
Foi Ministro da Educação entre 2003 e
2004, no primeiro mandato de Lula. Foi
reeleito nas eleições de 2010 para o
Senado pelo Distrito Federal, com mandato
até 2018.

É casado e tem duas filhas.

- 1 Carreira
- 1.1 Governo do Distrito Federal (1995-1999)
- 1.1.1 Programas implementados
- 1.1.1.1 Bolsa-escola
- 1.1.1.2 Poupança-escola
- 1.1.1.3 Saúde em casa

- 1.1.1.4 Mala do livro

- 1.1.1.5 BRB-Trabalho

- 1.1.1.6 Temporadas populares

- 1.2 A filiação ao PDT

- 1.3 Candidatura presidencial

- 1.4 Possível candidatura ao governo do Distrito Federal

- 1.5 2014

- 2 Livros publicados

- 3 Referências

- 4 Ver também

- 5 Ligações externas

Carreira

Graduado em engenharia pela Universidade Federal de Pernambuco em 1966, envolveu-se na mesma época com a política estudantil, tendo sido militante da Ação Popular, um grupo ligado à Igreja Progressista de

Esquerda.

Após o golpe militar de 1964, devido às perseguições da ditadura, seguiu para um autoexílio na França, onde obteve o doutorado em Economia pela Universidade de Sorbonne (Paris), em 1973.1

Trabalhou no Banco Interamericano de Desenvolvimento (BID) entre 1973 e 1979, tendo ocupado postos no Equador, em Honduras e nos Estados Unidos.2

Foi reitor da Universidade de Brasília (o primeiro por eleição direta, após a ditadura militar1), governador do Distrito Federal, ministro da educação e atualmente é senador, tendo sido eleito em 2002 com 674.086 votos (30% dos válidos).

Foi reeleito, juntamente com Rodrigo Rollemberg, em 2010 com 833.480 votos, (37,7% dos votos válidos).

Também foi consultor de diversos organismos nacionais e internacionais no âmbito da ONU.

Presidiu o Conselho da Universidade para

a Paz da ONU e participou da Comissão Presidencial para a Alimentação, dirigida por sociólogo Herbert de Souza. Buarque também é membro do Instituto de Educação da Unesco.2

Criou a ONG Missão Criança, que patrocina um programa de bolsa-escola para mais de mil famílias, com recursos oriundos da iniciativa privada.3

Foi agraciado com o Prêmio Jabuti de Literatura de 1995, na categoria Ciências Humanas.4 A intenção de promover uma "revolução… pela educação" é uma ideia que segue a linha de pensamento de importantes intelectuais brasileiros, como Anísio Teixeira, Darcy Ribeiro e Paulo Freire.

Governo do Distrito Federal (1995-1999

Buarque em 2007.

O projeto <u>bolsa-escola</u>, implementado no Distrito Federal durante seu governo, foi premiado no Brasil e no exterior. Apesar de ter obtido 58% de aprovação (notas ótimo e bom) em pesquisa do
instituto <u>Datafolha</u> realizada ao final de seu mandato – tendo sido classificado como o quarto governador de estado mais popular à época – não conseguiu a reeleição, perdendo para <u>Joaquim Roriz</u> (<u>PMDB</u>) por pequena margem de votos. Cristovam atribuiu a derrota à promessa que Roriz fez em campanha, de conceder um grande

aumento salarial de 28% para o funcionalismo público do Distrito Federal. A promessa não foi cumprida por Roriz.[5]

Programas implementados

Bolsa-escola

Ver artigo principal: Bolsa-escola

A bolsa-escola assegura um salário mínimo a cada família carente que tenha todas as suas crianças entre 7 e 14 anos matriculadas na escola pública. São critérios para recebê-la:

- Renda per capita mensal da família deve ser igual ou inferior a meio salário mínimo.

- Todas as crianças da família devem ter uma frequência mensal mínima às aulas de 90%.

- A família deve residir no Distrito Federal há pelo menos cinco anos.

- Existindo algum membro adulto da família desempregado, ele deverá estar inscrito no Sistema Nacional de Emprego (SINE).

O programa atingiu, em 1997, 44.382 crianças de 22.493 famílias, com um gasto de R$ 32 milhões, ou seja, menos de 1% do orçamento do Distrito Federal. Com esse programa, a evasão escolar, que era de cerca de 10% em 1994, caiu para 0,4%.

Poupança-escola

Funciona como um programa complementar à bolsa-escola, visando diminuir a evasão e a repetência.

O aluno bolsista, a cada ano em que é aprovado, tem depositado em uma conta especial o valor de um salário mínimo, que será aplicado no Fundo de Solidariedade do Distrito Federal (Funsol). Após completar a quarta e a oitava séries do primeiro grau, o aluno poderá sacar metade do valor depositado na poupança.

Na conclusão do segundo grau, o saldo é liberado integralmente. Se o aluno for reprovado por dois anos consecutivos, será eliminado do programa e o saldo revertido para o governo.

O programa custa 10% do custo médio
anual de um aluno na rede pública, o que
faz com que, ao reduzir significativamente
a repetência (caiu de 29,8% em 94 para
16,45% em 97), represente uma economia
considerável para o governo, além do
ganho social e educacional.

Saúde em casa

As famílias beneficiadas por esse
programa recebem regularmente a visita de
equipes de saúde, treinadas para prestar
serviços básicos na área a todos os
membros da família, diminuindo sua
necessidade de deslocamento aos
hospitais e centros de saúde.

Cada equipe, sediada numa Unidade de
Saúde em Casa, é composta por um
médico, um enfermeiro, três auxiliares de
enfermagem, quatro agentes comunitários
de saúde e um auxiliar de serviços gerais,
e cobre uma região com cerca de mil
famílias.

Esse programa já está implantado em onze
regiões atingindo, através das 101 equipes

da Secretaria de Saúde, cerca de 800 mil pessoas.

Mala do livro

Consiste em minibibliotecas (caixas-estantes), instaladas em residências de Agentes Comunitários de Leitura, para empréstimo de livros à vizinhança.

Cada biblioteca domiciliar tem um acervo de cerca de 150 volumes, composto de: livros didáticos e de apoio escolar, literaturas infantil, brasileira e estrangeira.

Os livros são emprestados por sete dias. A cada dois meses, as caixas-estantes são trocadas, dando novas opções de leitura.

O programa já tem quinhentas "malas do livro" atingindo um universo de cerca de 50 mil pessoas.

BRB-Trabalho

Seu principal objetivo é democratizar o acesso ao crédito e aos serviços bancários, beneficiando microprodutores rurais e urbanos, como artesãos, feirantes, pequenos prestadores de serviços e trabalhadores do setor informal, bem como cooperativas e microempresas.

O teto do valor financiável é de R$ 5 mil por pessoa e de R$ 25 mil no caso de formas coletivas de produção e trabalho. Estes recursos são destinados à compra de máquinas e equipamentos bem como ao financiamento de capital de giro.

O programa presta também assessoria empresarial e promove cursos para a capacitação técnica e gerencial dos beneficiados.

Para se candidatar ao crédito, o interessado precisa residir no Distrito Federal há pelo menos cinco anos, ter experiência na profissão ou empreendimento a que se candidatou, não ter nenhum tipo de restrição cadastral e apresentar um avalista nas mesmas condições.

Quando o cadastro é preenchido, um agente de crédito da Secretaria do Trabalho vai visitar o candidato para verificar as condições de produção, a qualidade do produto/serviço e as expectativas de geração de emprego.

Após a visita, o Comitê de Crédito aprova ou não a solicitação, com base no laudo apresentado pela Secretaria do Trabalho.

Nas datas previstas, o beneficiado deposita, em qualquer agência do BRB, o valor da parcela do empréstimo. Ao quitar um financiamento, todo aquele que pagou em dia poderá obter um novo crédito.

Temporadas populares

Iniciado em 1995, o "Temporadas Populares" leva a todas as cidades do Distrito Federal, durante os meses de janeiro e fevereiro, artistas locais e nacionais.

Em um ano foram apresentados 220 espetáculos de música, teatro e dança, com ingressos vendidos a R$8,00, que foram assistidos por 100 mil pessoas.

Paz no trânsito

Programa de educação no trânsito que
reduziu drasticamente o número de
acidentes no Distrito Federal e em
sua capital, que era uma das campeãs de
acidentes de trânsito.

A filiação ao PDT

Cristovam Buarque foi nomeado ministro
da Educação por Lula, no dia 1º de janeiro
de 2003, mas foi demitido do ministério no
início de 2004 via telefone por Lula – com o
envolvimento do então ministro-chefe
da Casa Civil, José Dirceu.6 Sobre sua
saída do PT, declarou: "Eu não sai do PT,
foi o PT que saiu de mim.

Este é o grande crime do PT. O partido é
de gente honesta, mas acomodada. A
corrupção é de alguns petistas."

Após cogitar sua permanência no senado
como "independente", decidiu ingressar no
PDT, com o qual tem afinidades antigas
desde que participou da campanha
presidencial de Leonel Brizola em 1989.

Sua proposta de transformar a educação

em grande prioridade nacional é uma continuidade das ideias de <u>Darcy Ribeiro</u>, que foi um importante formulador das políticas educacionais do PDT.[7]

foi o candidato do PDT à <u>presidência da República</u> em <u>2006</u>, com o senador <u>amazonense Jefferson Peres</u> como candidato à vice-presidência.

A principal bandeira de sua campanha foi a federalização de uma educação pública de qualidade para o nível básico (ensino pré-escolar, fundamental e médio), vista como pré-requisito para a solução de todos os demais problemas brasileiros a médio e longo prazos.

Para alcançar esse objetivo, propôs a federalização de alguns aspectos da área como, por exemplo, a definição de padrões mínimos para a infraestrutura educacional (prédio, equipamentos etc.), currículos dos cursos e formação de professores.

Cristovam obteve a 4ª colocação no primeiro turno atrás de <u>Lula</u> (PT), <u>Geraldo Alckmin</u> (PSDB) e <u>Heloísa Helena</u> (PSOL)

49

ao obter 2.538.834 votos (2,64% dos votos
válidos e 2,42% dos votos totais).

Personalidades como

a) <u>Juca Kfouri</u>,

b) <u>José Trajano</u>,

c) <u>Caetano Veloso</u>,8

d) <u>Fernanda Torres</u>,

e) <u>Ricardo Noblat</u> e

f) <u>Manoel Carlos</u>

declararam publicamente terem votado em
Cristovam.

No segundo turno entre Lula e Geraldo
Alckmin, Cristovam declarou em
uma <u>entrevista</u> à <u>TV</u> ter votado no tucano.

Possível candidatura ao governo do Distrito
Federal

No dia <u>10 de março</u> de <u>2010</u>, em uma
reunião com líderes de 7 partidos o
senador Cristovam admitiu pela primeira
vez a possibilidade de concorrer ao cargo

de governador do Distrito Federal. Afirmou também afirmou que o principal motivo para favorecer sua candidatura seria a presença do ex-governador Joaquim Roriz entre os oponentes os sete partidos que participaram da reunião disseram que são contra a volta de Roriz ao poder.9

2014

Cristovam participou, durante o período de campanha eleitoral nos municípios em 2012, de uma passeata no Recife em apoio ao candidato Geraldo Júlio do Partido Socialista Brasileiro, apoiado pelo pré-candidato à presidente da República, Eduardo Campos.

No dia seguinte, foi publicada uma nota no Jornal do Commercio, periódico de grande circulação em Pernambuco, cogitando Cristovam como candidato a vice na chapa de Eduardo.

Livros publicados

Cristovam publicou livros sobre Economia, História,

<u>Sociologia</u> e sobretudo Educação

Referências

1. ↑ <u>a</u> <u>b</u> <u>Um pouco da trajetória de Cristovam Buarque</u>. Cristovam.org.br. Página visitada em 27 de junho de 2009.

2. ↑ <u>a</u> <u>b</u> <u>Cristovam ainda prega Abolição. Do 'apartheid social'</u>. <u>UOL</u> Eleições. Página visitada em 27 de junho de 2009.

3. ↑ <u>Eleições 2006 - CRISTOVAM BUARQUE (PDT)</u>. <u>G1</u>. Página visitada em 27 de junho de 2009.

4. ↑ <u>Autor de Livros, Artigos e Ideias</u>. Cristovam.org.br. Página visitada em 27 de junho de 2009.

5. ↑ <u>Entrevista com Cristovam Buarque</u>. <u>Globo.com</u> (9 de agosto de 2006). Página visitada em 27 de junho de 2009.

6. ↑ <u>Cristovam Buarque é demitido por telefone</u>. <u>Folha Online</u> (23 de janeiro de 2004). Página visitada em 27 de junho de 2009.

7. ↑ <u>Cristovam Buarque fala sobre o piso salarial</u>. Educar para Crescer. Educarparacrescer.abril.com.br (2 de abril de 2009). Página visitada em 27 de junho de 2009.

8. ↑ <u>Caetano roqueiro</u>. ISTOÉ Online. Página visitada em 27 de junho de 2009.

9. ↑ <u>Cristovam admite possibilidade de concorrer ao Palácio do Buriti caso Roriz seja candidato</u>. Correiobraziliense.com.br.

ELIANA PEDROSA

Gabinete:

Nº 01 - 2º andar

Nome completo:

Eliana Maria Passos Pedrosa

Naturalidade:

Bicas (MG)

Nascimento:

26/02

Profissão:

Química

Telefone:

(61) 3348-8010 a 8016

E-mails:

contato@elianapedrosa.com.br

Partido político:

Partido Social Democrático - PSD

Site do parlamentar:

www.elianapedrosa.com.br

Twitter:

@Eliana_Pedrosa

Facebook:

Eliana Pedrosa E+

GIM ARGELLO

Nascido em São Vicente, no estado de São Paulo, e criado em Taguatinga, no Distrito Federal, Gim Argello é bacharel em Direito e trabalha com a corretagem de imóveis. Eleito deputado distrital em 1998 e reeleito em 2002, foi presidente da Câmara Legislativa do Distrito Federal entre 2001 e 2002.

Filiado ao PTB em 2005, nas eleições de 2006 é eleito primeiro-suplente na chapa de senadorde Joaquim Roriz.

Este renuncia em 4 de julho de 2007, e Gim Argello assume o terceiro posto de senador do Distrito Federal a 17 de julho do mesmo ano, pelo PTB.

Acusações e processos criminais

O senador responde a um inquérito no Supremo Tribunal Federal[1] por apropriação indébita, peculato, corrupção passiva e lavagem de dinheiro.[2][3][4] Gim Argello enriqueceu grandemente desde que entrou na política do Distrito Federal,

tendo seu patrimônio alcançado <u>um</u>
<u>bilhão</u> de <u>reais</u> em <u>2009</u>.5

Histórico na política1998 – Foi eleito
Deputado Distrital por Brasília pelo <u>PFL</u>

- 1999 – Foi eleito Vice–Presidente da
Câmara Legislativa do Distrito Federal

- 2001 a 2002 – Assumiu como Presidente
da Câmara Legislativa do DF

- 2002 – Foi reeleito para assumir seu
segundo mandato como Deputado Distrital
(<u>PMDB</u>)

- 2003 a 2004 – Assumiu novamente a vice-
presidência da Câmara Legislativa

- 2005 – Filiou-se ao PTB e se tornou
presidente regional do partido. Assumiu
também a Secretaria de Estado de
Trabalho

- 2007 – Foi diplomado como Senador
Suplente do Senador Joaquim Roriz e,em
17 de Julho de 2007, assumiu o Senado
Federal pelo Distrito Federal

- Reportagem na Revista IstoÉ sobre a multiplicação do patrimônio de Gim Argello: "O Homem De R$ 1 Bilhão"

Referências

1. ↑ STF - Acompanhamento Processual - Inq 3059 - INQUÉRITO

2. ↑ Suplente de Roriz também está sob suspeita. Portal G1 (5 de julho de 2007). Página visitada em 5 de fevereiro de 2009.

3. ↑ D'Elia, Mirella (6 de agosto de 2007). PGR analisa denúncias contra Gim Argello. G1. Página visitada em 5 de fevereiro de 2009.

4. ↑ Gim Argello, o novo senador da República. Congresso em foco (5 de julho de 2007). Página visitada em 5 de fevereiro de 2009.

5. ↑ Reportagem na Revista IstoÉ sobre a multiplicação do patrimônio de Gim Argello: "O Homem De R$ 1 Bilhão"

O Homem De R$ 1 Bilhão

Poucos entendem como o ex-corretor de
imóveis e hoje senador Gim Argello
conseguiu ampliar seu patrimônio em 10
mil vezes em pouco mais de 25 anos

Sérgio Pardellas e Hugo Marques

"Deus queira que um dia aconteça de eu
ter R$ 1 bilhão"
Gim Argello, senador (PTB-DF)

Na primeira semana deste mês, o senador
Gim Argello (PTB-DF) desembarcou na
antessala da Presidência do Senado
exibindo um indisfarçável sorriso no rosto.

Diante dos olhares de expectativa de parlamentares do PMDB, entre os quais os senadores Renan Calheiros (AL) e Wellington Salgado (MG), Argello justificou tamanha felicidade: "Alcancei meu primeiro bilhão de reais", disparou, para a surpresa dos colegas. Aos 47 anos, Argello personifica o milagre de Brasília. A capital federal não possui indústrias, grandes multinacionais nem de longe é o coração econômico do País. Mas é uma cidade onde as pessoas usam a proximidade com o poder como trampolim para o mundo dos grandes negócios.

Esse é o caso do senador do PTB, que, depois do escândalo do mensalão do DEM, desponta entre os prováveis candidatos ao governo do Distrito Federal em 2010.

A ISTOÉ, em entrevista rápida, Argello nega o que vem afirmando aos colegas senadores. Argello iniciou a carreira empresarial há 25 anos, como corretor de imóveis.

Tinha um patrimônio que não chegava aos

R$ 100 mil, ou seja, 10 mil vezes inferior ao que ele anda alardeando pelos corredores do Senado. Graças à bem-sucedida atividade de corretagem, ele conseguiu multiplicar seus bens por três em menos de uma década.

Mas foi com a política que viu seu patrimônio crescer de forma meteórica. Desde que foi eleito deputado distrital pela primeira vez em 1998, Argello não parou de acumular bens.

Em 2006, o parlamentar declarou à Justiça Eleitoral patrimônio que somava R$ 805.625,09. Mas só a sua casa de 872 metros quadrados, na Península dos Ministros, área mais nobre de Brasília, localizada próxima à residência do presidente do Senado, José Sarney (PMDB-AP), está avaliada em R$ 5 milhões.

Segundo apurou ISTOÉ, o senador do PTB também é proprietário de rádios, jornais e uma franquia da Empresa dos Correios e Telégrafos Setor Comercial Sul (SCS).

Dona de uma extensa carteira de clientes,
a agência dos Correios, de acordo com
especialistas do setor, ostenta um
faturamento anual de cerca de R$ 100
milhões, o mais alto entre as 27 franquias
da ECT no Distrito Federal.

Rodrigo Sobral Rollemberg

Rodrigo Sobral Rollemberg (<u>Rio de Janeiro</u>, <u>13 de julho</u> de <u>1959</u>) é um político <u>brasileiro</u>.

Chegou a <u>Brasília</u> em <u>1960</u>. Um dos quatorze filhos do ex-juiz e ex-<u>deputado federal</u> sergipano Armando Leite Rollemberg e Teresa Sobral Rollemberg. Graduou-se em 1983 em <u>História</u> na <u>Universidade de Brasília</u>.[1]

É funcionário público (Analista Legislativo do <u>Senado Federal</u>). Casado com Márcia Helena Gonçalves Rollemberg, tem três filhos. Irmão do jornalista do Senado, Armando Sobral Rollemberg.

Filiado desde 1985 ao <u>PSB</u>, em 1990 disputou sua primeira eleição para <u>deputado distrital</u> mas não se elegeu. Disputou novamente o mesmo cargo em 1994 e alcançou a primeira suplência, assumindo o mandato eventualmente pelas licenças do titular Wasny de Roure.

Destacou-se no combate a grilagem de terras públicas e pela em defesa do turismo local. Assumiu a Secretaria de Turismo durante o governo de Cristóvam Buarque.

Iniciou o Projeto Orla, de desenvolvimento do lazer e turismo na orla do Lago Paranoá, e implementou o turismo cívico.

Eleito efetivamente em 1998 a deputado distrital, com 15.942 votos, dedicou seu mandato ao combate à grilagem de terras públicas.

Lançou-se candidato a governador em 2002, obtendo o 3o.lugar. Em 2003 Rollemberg assumiu a Secretaria Nacional de Inclusão Social, do Ministério da Ciência e Tecnologia. Em 2006, foi eleito deputado federal com 55.917 votos. Em 2010 elege-se Senador, juntamente com Cristovam Buarque, com 738.575 votos (33,03% dos votos válidos).

7 - PREVISÕES ELEITORAIS

Pesquisa aponta tendências para as eleições de 2014 no Distrito Federal

Postado por Daniela Novais 17:13:00 02/12/2012

Uma pesquisa do instituto O & P publicada esta semana mostra quais são as tendências para as eleições de 2014 no Distrito Federal.

O levantamento foi publicado pelo blog do Helio Doyle e mostra que, se as eleições para governador e senador fossem acontecer agora, o senador Rodrigo Rollemberg (PSB) iria a segundo turno na eleição para governador e o deputado Reguffe (PDT) seria eleito senador.

Já o atual governador Agnelo Queiroz (PT) não alcançou bons resultados e perderia de Eliana Pedrosa (PSD) em uma das simulações apresentadas.

O senador Cristovam Buarque (PDT) não

entrou nas opções apresentadas para simulação de escolha do próximo governo do DF.

Confira o texto de Doyle sobre a pesquisa na íntegra.

Apenas uma tendência, nada mais

A dois anos da eleição, uma pesquisa de opinião não tem relevância. Indica apenas uma tendência do eleitorado hoje, que pode mudar radicalmente até o dia da eleição.

Mas se as eleições para governador e senador fossem agora, o senador Rodrigo Rollemberg, do PSB, e o deputado Reguffe, do PDT, estariam na frente.

Rollemberg iria para o segundo turno na eleição para governador e Reguffe seria eleito senador. Mas há muitos eleitores que não votariam em nenhum deles ou não sabem em quem votar.

O instituto O&P fez três simulações para governador, e Rollemberg liderou em todas. O senador Cristovam Buarque, do PDT, não entrou em nenhuma das alternativas para o governo.

A primeira: Rollemberg, 20,4%; Toninho do Psol, 15,6%; Agnelo (PT), 10,6%; Alberto Fraga (DEM), 10,4% e Valmir Campelo (ministro do TCU, ex-PTB), 6%. Nenhum, não sabe: 37%

A segunda: Rollemberg, 26%; Eliana Pedrosa (PSD), 19,6%; Agnelo 11,1%. Nenhum, não sabe: 43,3%.

A terceira: Rollemberg, 31,3%; Agnelo, 12,6%; Pitman (PMDB), 8,5%. Nenhum, não sabe: 47,7%.

Para senador, Reguffe ganha em todas:

30,4% contra 14% de Magela (PT), 13,9% de Eliana Pedrosa e 10,9% de Filippelli;

31,5% contra 15,4% de Filippelli (PMDB), 10,8% de Chico Leite (PT) e 4,9% de Alberto Fraga (DEM);

31,3% contra 15% de Filippelli, 12,6% de Magela e 4,9% de Fraga.

O senador Gim Argello (PTB), tido como provável candidato na chapa de Agnelo, tem, em cada opção, 3%, 4,4% e 4,4%

Governador Agnelo Queiroz: caminho mais fácil com fragilidade dos adversários

O governador Agnelo Queiroz (PT) é um político calejado nos embates eleitorais e carrega na bagagem um arsenal de argumentos que o coloca como favorito na disputa de 2014.

Ele ainda tem pela frente um ano e meio para trilhar e, nesta jornada, alguns trunfos de obras que pode abafar os tambores da oposição. O grupo que apoia Agnelo, além do PT, já percebeu e estimula candidaturas avulsas.

Eles sabem que, quanto mais divididos estiverem os opositores, cada um se julgando melhor do que o outro, Agnelo surfa tranquilo pegando ondas de inaugurações, como o VLT, novas unidades de saúde, novas escolas e um sem número de pequenas e médias obras de infraestrutura nas cidades administrativas. "Temos, a partir deste ano,

inúmeras obras para inaugurar e o
governador já determinou aos secretários
que estão à frente destes projetos,
empenho e dedicação 24 horas", comenta
um aliado do governador.

De fato. Enquanto Eliana Pedrosa (PSD)
briga com o presidente de seu partido,
Rogério Rosso, discutindo o sexo dos
anjos, se o PSD vai ou não apoiar Agnelo,
o foco de oposição propositiva vai caindo
ao descrédito.

Ou seja, o principal interessado no assunto
– o povo -, desencanta e sai em busca de
outro discurso. Ninguém tolera quem busca
o poder pelo poder, sem ter um projeto que
dê sustentação a uma bandeira de
mudanças de fato.

Até agora, o PSD não fez outra coisa a não
correr atrás de filigranas visando irritar o
governador. Nada colou em Agnelo, mas
ao contrário, começa a dar desgastes aos
pessedistas.

Existe um ditado no interior que diz o
seguinte: "Cachorro novo não entra com
profundidade numa mata densa porque
não encontra o caminho de volta". O PSD é
um cachorro novo que insiste em mamar
em onça.

Ao invés de amadurecer politicamente,
quer derrubar conceitos arraigados na
população sem levar propostas novas. Só
ficar latindo não vai incomodar a onça
Agnelo. Muito pelo contrário. Só vai irritá-lo.

Com exceção de Eliana Pedrosa, todos
são jovens no partido e têm muito o que
conversar, principalmente com outros
partidos. "Não adianta ficar lavando roupa
suja em público. As deputadas do partido
precisam conversar e muito com o
presidente da legenda", revelou uma fonte
ao Jornal Opção.

Outro bloco liderado pelo senador socialista Rodrigo Rollemberg (PSB) e os queridinhos da mídia brasiliense, senador Cristovam Buarque (PDT), deputado federal Antônio Reguffe (PDT), Antônio Carlos de Andrade, o Toninho do Psol, e o presidente regional do PPS, Aldo Pinheiro tem feito mais barulho do que resultados.

Numa hora é o senador Cristovam o cabeça de chapa, noutra é Rollemberg e por aí vai o bloco dos confusos.

Rollemberg não quer se distanciar da base da presidente Dilma Rousseff já que tem um bom naco de poder no governo federal.

Que o diga o superintendente da Sudeco, Marcelo Dourado, entre outros. De acordo com reportagem do "Correio Braziliense" de sexta-feira, 1º, assinada pela repórter Larissa Garcia, "Para incentivar a economia regional, o Distrito Federal e 19 municípios do Entorno vão receber neste ano uma injeção de crédito de R$ 1,02 bilhão, proveniente do Fundo Constitucional de Financiamento do Centro-Oeste (FCO)".

Nada mal para um pretendente a desbancar o governador, mas é muito pouco ou quase nada se este grupo arranjar um discurso melhor para desconstruir Agnelo.

Falar que o governo está mal e a cidade um caos, todo mundo sabe. Cadê as propostas para resolver os problemas?

Ninguém troca o certo pelo duvidoso, diz a sabedoria popular.

Outro bloco que ainda não botou a cara são os chamados candidatos deles mesmos.

Deputado Izalci Lucas (PSDB), bom de briga, mas está falando sozinho. Se não começar a cavar aliados tende apenas a disputar a reeleição.

Assim como o ex-deputado federal Alberto Fraga (DEM). A esperança dele é o empresário e ex-vice governador Paulo Octávio se manifestar.

Por enquanto, o habilidoso Octávio só está observando o cenário para saber em que direção está soprando o vento. Se for favorável, decola uma candidatura majoritária, se não, continua sua vida de empresário sem grandes atropelos. Persistindo esta cizânia, Agnelo não terá muito trabalho para se reeleger.

Arruda sonha voltar, mas…

O ex-governador José Roberto Arruda (sem partido) ronda o Distrito Federal visitando amigos e antigos parceiros políticos.

Conversa com um e outro, colhe opiniões, sonda o ambiente, mas o cenário assusta.

Ele teria voto suficiente para incomodar muita gente, no entanto, o preço seria alto demais. Novamente colocaria sua vida privada sob a ótica da mídia nacional e local, massacrando a família, amigos e tendo a vida devassada.

Esta perspectiva assusta o ex-governador mais lembrado em pesquisas feitas pelos adversários." Na cabeça dos eleitores das classes C e D, Arruda foi vítima de um golpe e execrado pela mídia.

O povão ainda vê nele um grande realizador de obras e empregos, por isso pesquisas apontam-no como potencial candidato", analisa um amigo do ex-governador.

Fonte: Blog do Cafezinho

Daniel Tavares denuncia Eliana Pedrosa e Celina Leão no Balanço Geral

Daniel Tavares, ex-funcionário de uma empresa química, faz nova denúncia. Ele revela que foi pago pela deputada distrital Eliana Pedrosa para fazer o vídeo no qual diz ter recebido propina de Agnelo Queiroz quando este era diretor da Anvisa.

Daniel Tavares, ex-funcionário de uma empresa química, faz nova denúncia. Ele revela que foi pago pela deputada distrital Eliana Pedrosa para fazer o vídeo no qual diz ter recebido propina de Agnelo Queiroz quando este era diretor da Anvisa.

Daniel foi procurado por Eduardo Pedrosa, irmão de Eliana, e convidado a fazer o vídeo contra Agnelo.

Ele teria recebido R$ 400 mil pela gravação, pagos pelas deputadas distritais Eliana Pedrosa e Celina Leão. Ressaltou que o objetivo dessa ação era prejudicar o governador Agnelo.

As assessorias de imprensa das duas deputadas negaram as acusações.

Eliana Pedrosa disse que vai processar Daniel Tavares e Celina Leão disse apenas que foi procurada por Daniel Tavares com as denúncias.

Conteúdo veiculado pelo programa
Balanço Geral do dia 8 de novembro de
2011, pertencente à Rede Record de
Televisão.

Por Ricardo Callado - O desmembramento da ação penal que analisa o suposto esquema de corrupção apontado pela operação Caixa de Pandora tem efeito direto nas eleições de 2014. O principal foi colocar o ex-governador José Roberto Arruda (sem partido) na disputa.

A Corte Especial do Superior Tribunal de Justiça (STJ) lavou as mãos e jogou o problema para o Tribunal de Justiça do DF. Quase tudo volta para o início. Depoimentos de testemunhas, análise de provas, recursos. Na prática, o processo vai demorar a ser julgado. E muito.

Como todo tipo de protelação, se depender apenas da ação da Pandora, Arruda pode ser candidato a qualquer coisa em 2014. Aos amigos mais próximos cogita apenas voltar ao Palácio do Buriti. Tem potencial eleitoral para isso. E os adversários possuem munição pesada contra ele.

Alguns petistas ligados ao governador Agnelo Queiroz (PT) acham que a entrada de Arruda embaralha o jogo. Outros, discordam. Consideram que seria mais fácil vencer um candidato todo enrolado na justiça.

A entrada de Arruda joga água fria em muita gente. Os deputados Luiz Pitman (PMDB) e Eliana Pedrosa (PSD), por exemplo, podem abrir mão da candidatura ao governo para apoiar Arruda.

Pitman é um interlocutor próximo do ex-governador. Costuma dizer que está sentado no banco de reservas. Se Arruda não puder ir, ele está preparado para a missão. Deputado federal em primeiro mandato, Pitman colocou seu nome como alternativa ao Buriti.

Eliana Pedrosa foi secretária de Desenvolvimento Social de Arruda. Tem uma carreira política própria e está bem posicionada nas pesquisas. Pode relutar em abrir mão da candidatura ao governo. Vai depender da articulação que for feita. No final, deve seguir com Arruda.

Também postulante a cadeira de Agnelo, a deputada distrital Liliane Roriz (PSD) ficaria isolada. e esvaziada Arruda agregaria um bom número de partidos. Uma composição poderia colocar Liliane na vaga de vice da chapa. Para isso, Arruda e o ex-governador Joaquim Roriz teriam que se entender.

Se Arruda conseguiu se livrar, pelo menos a tempo das eleições de 2014, de uma condenação da Caixa de Pandora, o mesmo não pode se dizer de outros processos. A Secretaria de Transparência gestou nos últimos dois anos várias pequenas ações que podem pegar o ex-governador e tira-lo do caminho de Agnelo.

Uma das ações já teve efeito prático. Arruda foi condenado a cinco anos e quatro meses em regime semiaberto de prisão por irregularidades em uma licitação para reforma do ginásio poliesportivo Nilson Nelson. de Brasília em 2008.

O ex-governador e o ex-secretário de Obras, Márcio Machado, foram condenados por dispensa indevida de licitação pela Justiça do DF. O caso envolve a contratação da Mendes Júnior

Trading Engenharia.

Arruda também terá que pagar multa de R$ 400 mil, equivalente a 4% do contrato de reforma do ginásio. As reformas foram feitas por causa do Campeonato Mundial de Futsal, realizado em 2008 no Rio de Janeiro e em Brasília.

O curioso é que uma candidatura de Arruda pode até ajudar o PT. Se for viabilizada, o vice-governador Tadeu Filippelli (PMDB) deve recua de sua intenção em se lançar contra Agnelo.

Quando soube que a Secretaria de Transparência estava no seu calo, Arruda pediu ao amigo Filippelli que conseguisse maneirar a fábrica de ações contra seu governo. O atual vice não atendeu o pedido. Arruda ficou decepcionado. E a amizade abalada.

O senador Rodrigo Rollemberg (PSB) pode contabilizar perdas. Alguns partidos que conversam hoje com o PSB devem mudar de rumo. Mas seria a base aliada de Agnelo a mais atingida. Tem partido se coçando para trair o governador. Falta apenas oportunidade. E alguma perspectiva de poder em outro lado.

Se o ex-governador conseguir se livrar da justiça e ser candidato, teremos então uma disputa bem competitividade com Agnelo, Arruda e Rodrigo. No centro da eleição, o governador iria enfrentar duas candidaturas clássicas: uma de direita e outra de esquerda.

PARTIDO SOCIALISTA BRASILEIRO –
PSB

Partido Socialista Brasileiro (PSB) é
um partido político de esquerda brasileiro,
que segue a ideologia socialista
democrática.

Foi criado em 1947 a partir da Esquerda
Democrática, até ser extinto por força
do Ato Institucional n° 2, de 1965.
Em 1985, com a redemocratização

no Brasil, foi recriado. Entre 1947 e 1964,
editou o jornal Folha Socialista.

O PSB utiliza como símbolo uma pomba
carregando uma folha, e suas cores são o
vermelho e o amarelo.

Obteve registro definitivo junto
ao TSE em 1° de julho de 1988, com
o código eleitoral 40.6 Externamente, é
membro do Foro de São Paulo.

Índice

- 1 Deputados federais

- 8 Bibliografia

- 9 Ligações externas

Deputados federais

Atualmente o PSB tem 32 deputados federais.

- <u>Abelardo Camarinha</u> (SP)

- <u>Átila Lira</u> (PI)

- <u>Alexandre Roso</u> (RS)

- <u>Ana Arraes</u> (PE)

- <u>Audifax</u> (ES)

- <u>Roberto Cláudio</u> (CE)

- <u>Dr. Ribamar Alves</u> (MA)

- <u>Dr. Ubiali</u> (SP)

- <u>Edson Silva</u> (CE)

- <u>Fernando Coelho Filho</u> (PE)

- <u>Givaldo Carimbão</u> (AL)

- <u>Glauber Braga</u> (RJ)

- Gonzaga Patriota (PE)

- Janete Capiberibe (AP)

- Jefferson Campos (SP)

- Jonas Donizette (SP)

- José Stédile (RS)

- Júlio Delgado (MG)

- Keiko Ota (SP)

- Leopoldo Meyer (PR)

- Luiz Noé (RS)

- Luiza Erundina (SP)

- Mauro Nazif (RO)

- Pastor Eurico (PE)

- Paulo Foletto (ES)

- Romário (RJ)

- Sandra Rosado (RN)

- Valtenir Pereira (MT)

- Laurez Moreira (TO)

- <u>Valadares Filho</u> (SE)

Antecedentes[<u>editar</u>]

Antes de 1947, houve diversas
agremiações com o nome de "Partido
Socialista Brasileiro" (ou "do <u>Brasil</u>") na
história do <u>movimento operário</u> e socialista.
Na primeira década de <u>século XX</u>, foram
criados alguns partidos socialistas de
caráter regional e em <u>1932</u>, registrou-se a
fundação de um efêmero Partido Socialista
no <u>Rio de Janeiro</u>, de formação <u>tenentista</u> e
plataforma pró-<u>Getúlio</u>.

História

Em abril de 1947, por ocasião da
2ª Convenção Nacional da <u>Esquerda
Democrática</u>, no Rio de Janeiro, seus
integrantes decidiram constituir-se
como Partido Socialista Brasileiro, sob a
liderança de <u>João Mangabeira</u>, <u>Hermes
Lima</u> e <u>Domingos Vellasco</u>.

O PSB foi registrado em <u>6 de
agosto</u> de <u>1947</u>, contando em sua bancada
com os dois <u>deputados federais</u> eleitos

pela ED.

O Manifesto de 1947

De formação antigetulista, o PSB procurou
representar uma alternativa às políticas
do <u>PTB</u> e do <u>PCB</u>. Aos primeiros,
censurava tanto a dedicação à figura do
caudilho quanto a excessiva vinculação
com as estruturas sindicais herdadas
do <u>Estado Novo</u>.

Mesmo contrário ao <u>culto à personalidade</u>,
ao centralismo e a falta de democracia
interna dos comunistas, o PSB aceitava
algumas teses marxistas, defendendo a
socialização dos meios de produção,
apesar de sua influência no movimento
operário ser praticamente nula.

Em seu programa, o PSB defendeu
a transformação da estrutura da sociedade,
incluída a gradual e progressiva
socialização dos meios de produção, que
deveria se realizar dentro das regras da
luta democrática e liberal.

Dessa forma, o partido procurou situar-se a

meio caminho entre o socialismo radical (de inspiração marxista) e a social-democracia. Para o PSB, o regime soviético era definido com um "capitalismo de Estado".

Segundo o Programa de 1947:

A socialização realizar-se-á gradativamente, até a transferência, ao domínio social, de todos os bens passíveis de criar riquezas, mantida a propriedade privada nos limites da possibilidade de sua utilização pessoal, sem prejuízo do interesse coletivo.

Sua crítica ao stalinismo levou o PSB a atrair intelectuais como

- Rubem Braga,
- José Lins do Rego,
- Antônio Cândido,
- Joel Silveira,
- José Honório Rodrigues,
- Fúlvio Abramo,
- Mário Apolinário dos Santos,
- João da Costa Pimenta,
- José de Freitas Nobre,

- <u>Hélio Pellegrino</u> e
- <u>Sérgio Buarque de Holanda</u>.

Por algum tempo, o PSB também recebeu a adesão da tendência <u>trotskista</u> liderada por <u>Mário Pedrosa</u>, mas esta foi expulsa em 1949, tornando-se a Liga Comunista Internacionalista.

Nessa época, o PSB era influente dentro da <u>UNE</u>, e dominou a entidade durante os exercícios dos presidentes Roberto Gusmão (1947/48) e <u>Rogê Ferreira</u> (1949/50).

Os anos 1950

Apesar da adesão dos intelectuais e estudantes, o PSB era ainda uma força eleitoralmente fraca, com uma atuação praticamente limitada ao estado de <u>São Paulo</u>.

Nas eleições presidenciais de 1950, espremido entre o <u>getulismo</u> e as candidaturas conservadoras, o PSB optou por lançar um candidato próprio.

No entanto, João Mangabeira obteve uma

votação insignificante (menos de 1% dos votos) e a bancada do partido limitou-se a apenas um representante na <u>Câmara dos deputados</u>, o jornalista e industrial <u>Orlando Vieira Dantas</u> de Sergipe.

Contudo, foi a partir desse período que o PSB começou a rever seu isolamento político, aproximando-se do PCB, cuja cassação do registro eleitoral em 1947 acabou favorecendo o seu crescimento dos socialistas. Em alguns casos, o partido ofereceu a legenda para o lançamento de candidaturas comunistas.

Em outros casos, obteve o franco apoio do PCB clandestino para seus integrantes, como em <u>Pernambuco</u>, em 1952, quando lançou o jornalista <u>Osório Borba</u> como candidato a governador, sendo derrotado pelo conservador <u>Etelvino Lins</u>.

Dois anos depois, em 1955, o socialista <u>Pelópidas da Silveira</u> foi eleito prefeito da capital pela "Frente de Recife" (coalizão reunindo o PSB e o PTB, com apoio dos comunistas). A hegemonia da coalizão de esquerda na cidade durou até 1964.

No campo sindical, o PSB também obteve importantes adesões, como do presidente do sindicato dos metalúrgicos de São Paulo, Remo Forli, em 1954.

Apesar da proximidade crescente com outras forças de esquerda, o suicídio de Vargas recolocou o PSB no campo oposto ao PTB, devido ao apedrejamento das sedes do partido em várias capitais por militantes getulistas - nas eleições de 1954, o PSB elegeu 3 deputados.

Em 1955, o partido uniu-se à coalizão antigetulista liderada pelo general Juarez Távora, candidato apoiado pela UDN.

Aproximação com o janismo

Em São Paulo, o PSB começou a ensaiar uma aproximação política tortuosa com Jânio Quadros, ainda no início dos anos 1950. Em 1953, o partido apoiou a candidatura de Jânio à prefeitura da capital e passou a integrar a sua administração.

No ano seguinte, o PSB novamente apoiou Jânio, dessa vez para governador do estado.

Com o tempo, o janismo passou a dominar as seções locais do partido nos estados de São Paulo e <u>Paraná</u>, onde Jânio Quadros elegeu-se deputado federal em 1958.

Mas o programa político difuso de Jânio (com apoio da <u>classe média</u>) sempre esteve em choque com as origens intelectuais e marxistas do PSB. A crise interna dentro do partido só foi resolvida em 1960, quando a direção nacional expulsou os janistas e anunciou o apoio ao seu adversário na campanha presidencial daquele ano, o general <u>Teixeira Lott</u> (lançado pela coalizão <u>PSD</u>-PTB), que acabou sendo derrotado.

A radicalização na década de 1960

A expulsão dos janistas significou uma perda eleitoral significativa: de 9 deputados, o PSB viu sua bancada ser reduzida para 4 deputados em 1962.

No entanto, essa perda foi facilmente compensada pela adesão de jovens intelectuais e sindicalistas que ajudaram na retomada do programa socialista.

Entre os intelectuais que aderiram ao partido se contam nomes como <u>Evandro Lins e Silva</u>, <u>Antônio Houaiss</u>, José Joffily, <u>Evaristo de Morais Filho</u>, <u>Paul Singer</u>, <u>Jamil Haddad</u>, <u>Saturnino Braga</u> e Adalgisa Nery.

O PSB também recebeu adesões importantes vindas do sindicalismo rural, como <u>Francisco Julião</u> (ex-líder das <u>Ligas Camponesas</u> e depois deputado por Pernambuco) e João Pedro Teixeira (líder camponês na <u>Paraíba</u>, assassinado em 1962).

No meio estudantil, o principal nome do partido no período era Altino Dantas.

O partido também integrou-se na <u>Frente Parlamentar Nacionalista</u>, alinhando sua atuação com a defesa da intervenção do Estado na economia e na rejeição das <u>multinacionais</u>.

Essa posição foi marcada pela adesão ao partido do ex-governador de Pernambuco, <u>Barbosa Lima Sobrinho</u>, de fortes posições nacionalistas cada vez mais próximas da esquerda.

No Congresso, o PSB defendeu a posse e o governo do vice-presidente <u>João Goulart</u> e, mesmo contrário ao regime <u>parlamentarista</u>, participou dos gabinetes <u>Brochado da Rocha</u> e Hermes Lima - que havia ingressado no PTB em 1953. Nesse último período, João Mangabeira ocupou a pasta da Justiça.

Em 1962, o partido obteve uma importante vitória ao eleger o deputado alagoano <u>Aurélio Viana</u> como <u>senador</u> pela Guanabara, derrotando o favorito candidato da UDN, <u>Juracy Magalhães</u>.

Dispersão no período autoritário

Mas ao oferecer apoio total ao governo João Goulart, o PSB foi atingido na linha de frente pelo movimento militar de 1964. As principais lideranças do partido foram presas e tiveram seus direitos políticos suspensos. A maioria dos parlamentares também teve seus mandatos cassados.

Em 1965, o Ato Institucional nº 2, de 27 de outubro, extinguiu todos os partidos, incluindo o PSB, que na quase totalidade ingressou no Movimento Democrático Brasileiro (MDB), ajudando a organizar seu trabalho de base. Aurélio Viana Guanabara tornou-se um dos principais líderes do MDB no Congresso.

Por outro lado, uma parte dos militantes do PSB preferiu uma atuação mais radical, como Altino Dantas, que ingressou na ALN. Mas, ao contrário do PCB, os socialistas não conseguiram manter uma estrutura partidária ativa no período militar. Dessa forma, quando da Abertura política (1979), os ex-militantes do PSB já estavam dispersos.

Enquanto alguns (como Pelópidas da Silveira) permaneceram no PMDB, uma grande parte filiou-se no PDT (como Saturnino Braga, Jamil Haddad e Rogê Ferreira), enquanto a

maioria dos intelectuais (como Fúlvio
Abramo e Sérgio Buarque de Holanda)
participou da fundação do PT.

O segundo PSB

No início de 1985, com a
redemocratização, foi fundado um
novo Partido Socialista Brasileiro,
resgatando o mesmo programa e manifesto
apresentado em 1947, por João
Mangabeira.

Entre os signatários do partido estavam os
juristas Evandro Lins e Silva, Evaristo de
Morais Filho e o escritor Rubem Braga.
Para presidir a primeira comissão
provisória foi escolhido o linguista Antônio
Houaiss, que no ano seguinte deixou a
presidência do partido para o senador
Jamil Haddad. A secretaria-geral ficou
com Roberto Amaral (ex-PCBR).

O novo PSB nasceu buscando conquistar
espaços em um eleitorado de esquerda já
integrado a outros partidos (como o PT e o
PDT). Em 1986, apesar da intensa
mobilização, o PSB elegeu apenas uma

deputada para a Constituinte. Mas, dois anos depois, rompido com Brizola, o prefeito do <u>Rio de Janeiro</u>, Saturnino Braga, deixou o PDT para retornar ao PSB, sua antiga agremiação.

Em <u>1988</u>, <u>Arthur Virgílio Neto</u> é eleito prefeito de <u>Manaus</u> pela legenda. Mais tarde, trocaria o <u>PSB</u> pelo <u>PSDB</u>.

Em 1989, o PSB coligou-se ao PT e ao <u>PCdoB</u> para formar a "Frente Brasil Popular", que lançou a primeira candidatura de <u>Luís Inácio Lula da Silva</u> à presidência. O PSB indicou, então, a vaga para vice, com o senador gaúcho <u>José Paulo Bisol</u> (ex-<u>PMDB</u> e PSDB).

A era Arraes

No início de 1990, após desligar-se do PMDB, o governador de Pernambuco, <u>Miguel Arraes</u>, anunciou sua adesão ao PSB. Candidato a deputado federal no mesmo ano, Arraes foi o mais votado do país e levou consigo mais 4 parlamentares.

Em <u>1992</u>, elegeu prefeitos nas seguintes capitais: <u>São Luís</u> (com <u>Conceição Andrade</u>) e <u>Maceió</u> (com <u>Ronaldo Lessa</u>). Além de ganhar em outras cidades.

Situando-se entre Brizola e Lula, Arraes buscou no PSB a afirmação de sua liderança em nível nacional, consolidada em 1993, quando foi eleito presidente do partido, e no ano seguinte, quando assegurou o apoio do partido à candidatura de Lula (rompendo com o governo <u>Itamar Franco</u> e retirando seu ministro da Saúde, Jamil Haddad).

No auge de sua popularidade, Arraes obteve 54% dos votos para o governo de <u>Pernambuco</u> (coligação PSB-PT-<u>PPS</u>-PDT) e foi eleito já no primeiro turno.

Além de Arraes, o PSB também conquistou em 1994 o governo do Amapá, com <u>João Capiberibe</u>, e uma vaga para o Senado no <u>Pará</u>, com Ademir Andrade.

O crescimento eleitoral do PSB intensificou as adesões nos anos seguintes. Em 1995, filiou-se o senador <u>Antônio Carlos</u>

Valadares, de Sergipe, e em 1997 a ex-prefeita de São Paulo, Luiza Erundina (rompida com o PT). No entanto, o partido vetou a entrada de Ciro Gomes (ex-PSDB), o que facilitou uma nova aliança nacional com o PT, apoiando novamente Lula para a presidência em 1998.

No entanto, além da derrota de Lula, Miguel Arraes não teve sucesso em sua campanha pela reeleição em Pernambuco, sendo derrotado pelo PMDB de Jarbas Vasconcelos. A perda foi compensada, em parte, pela eleição de Ronaldo Lessa como governador de Alagoas e pela volta de Saturnino Braga ao Senado, representando o estado do Rio de Janeiro.

O triênio Garotinho

Em 2000, o PSB aceitou a filiação do governador do Rio de Janeiro, Anthony Garotinho, recém-saído do PDT após entrar em choque com Leonel Brizola. Alguns setores do partido, porém, temiam que que acontecesse o mesmo que aconteceu nos anos 1950, durante a aproximação com o janismo.

A adesão do governador fluminense acarretou a desfiliação do senador Saturnino e do prefeito de Belo Horizonte, Célio de Castro. Ambos seguiram em direção ao PT.

Em 2002, Garotinho foi lançado candidato a presidente pelo PSB, com apoio dos pequenos PGT e PTC. Com uma plataforma populista e assistencialista, Garotinho obteve 15 milhões de votos (17,9%) em sua candidatura presidencial, ficando em terceiro lugar na disputa. Também mostrou sua força no próprio estado, ao eleger sua esposa, Rosinha Matheus como governadora.

O partido também foi favorecido nacionalmente, elevando sua bancada para 22 parlamentares, e conquistando, além do Rio de Janeiro, os governos estaduais de Alagoas (Ronaldo Lessa, reeleito), Espírito Santo (Paulo Hartung) e Rio Grande do Norte (Wilma de Faria).

No segundo turno da eleição presidencial, o PSB apoiou Lula, o que permitiu ao partido participar do governo, com a pasta da Ciência e Tecnologia (com Roberto Amaral).

O inevitável choque entre Garotinho (com sua pretensão de candidatar-se novamente em 2006) e o presidente Lula ampliou o crescente atrito entre o ex-governador e o partido, que só foi resolvido em agosto de 2003, quando a Direção nacional do PSB realizou um recadastramento e a ficha de Garotinho não foi aceita pelo partido e significou a saída da Governadora Rosinha Garotinho, sua esposa e 12 deputados federais.

O retorno

A saída de Garotinho permitiu ao grupo político fiel a Miguel Arraes reassumir o prestígio perdido em 1998. No governo, Roberto Amaral foi substituído pelo deputado <u>Eduardo Campos</u>, neto e herdeiro político de Arraes (que morreria em agosto de 2005).

Fiel aliado ao governo Lula, o PSB ampliou suas filiações (chegando a 29 deputados federais) e também compensou a perda de dois governadores (Paulo Hartung, para o PMDB; e Ronaldo Lessa, para o PDT), ambos em choque com Arraes, com a filiação do ministro da Integração Nacional, Ciro Gomes (ex-PPS) e da senadora Patrícia Saboya.

Em 2006, o PSB anunciou apoio informal (sem coligação) à reeleição de Lula à presidência.

Em 2010, numa grande estratégia política que se provou vantajosa ao partido, a candidatura de Ciro Gomes foi deixada de lado em apoio a então ministra Dilma Rousseff.

Em troca, o PT abriu mão da cabeça de chapa em diversos estados do Norte, do Nordeste e do Espírito Santo para apoiar os socialistas.

O resultado foi que se tornou o segundo partido em número de governos estaduais, atrás apenas do PSDB.

Em 2012, buscou um certo distanciamento de seus aliados tradicionais nas capitais, principalmente do PT, o que o ajudou a atingir o maior número de capitais e um aumento expressivo no número de prefeituras (de 310 em 2008 para 434 no primeiro turno de 2012).

Muito se tem especulado sobre a candidatura do presidente da sigla, Eduardo Campos à Presidência da República já em 2014, mas nada foi confirmado até então.

Bancada na Câmara dos Deputados

Fonte: Portal da Câmara dos Deputados - Conheça os Deputados - Selecione "Partido..." e "UF...", e clique no segundo botão "Pesquisar".

Bancada eleita para a legislatura

.

Participação do partido nas eleições

PARTIDO DOS TRABALHADORES – PT

O Partido dos Trabalhadores (PT) é um partido político brasileiro. Fundado em 1980, é um dos maiores e mais importantes movimentos de esquerda da América do Sul. Com 1 549 180 filiados, o PT é o segundo maior partido político do Brasil, atrás apenas do Partido do Movimento Democrático Brasileiro (PMDB).10

Maior partido na Câmara dos Deputados,11 o PT é o partido preferido de cerca de um quarto do eleitorado brasileiro desde dezembro de 2009.12

Os presidentes brasileiros Luiz Inácio Lula da Silva e Dilma Rousseff são amplamente reconhecidos como seus membros mais notórios.13 Seus símbolos são a bandeira vermelha com uma estrela branca ao centro, a estrela vermelha de cinco pontas, com a sigla PT inscrita ao centro e o hino 14 do Partido dos Trabalhadores. Seu código eleitoral é o 13.15

O PT possui, como os demais partidos políticos no Brasil, uma fundação de apoio.

Denominada <u>Fundação Perseu Abramo</u>, foi instituída pelo Diretório Nacional em 1996 e tem por missão realizar debates, editar publicações, promover cursos de formação política e preservar o patrimônio histórico do partido - tarefa pela qual é responsável o <u>Centro Sérgio Buarque de Holanda</u>.

A FPA substituiu uma fundação de apoio partidário anteriormente existente no PT, a <u>Fundação Wilson Pinheiro</u>, criada em 1981 e extinta em 1990.

Índice

- 1 Fundação: a reunião do Sion
- 2 Ideologia partidária oficial
- 3 Raízes ideológicas
- 4 Tendências partidárias
- 5 Principais cargos conquistados
- 6 Governo Lula
- 7 Controvérsias
  - 7.1 Burocratização

Fundação: a reunião do Sion

Composto por dirigentes sindicais, intelectuais de <u>esquerda</u> e católicos ligados à <u>Teologia da Libertação</u>, no dia <u>10 de</u>

fevereiro de 1980 no Colégio Sion em São Paulo. 16 O partido é fruto da aproximação dos movimentos sindicais, a exemplo da Conferência das Classes Trabalhadoras (CONCLAT) que veio a ser o embrião da Central Única dos Trabalhadores (CUT),17 grupo ao qual pertenceu o ex-presidente brasileiro Luiz Inácio Lula da Silva, com antigos setores da esquerda brasileira.

O PT foi fundado com um viés socialista.18 Com o golpe de 1964, a espinha dorsal do sindicalismo brasileiro, que era o CGT (Comando Geral dos Trabalhadores), reunia lideranças sindicais tuteladas pelo Ministério do Trabalho- um ministério geralmente ocupado por lideranças do Partido Trabalhista Brasileiro varguista - foi dissolvida, enquanto os sindicatos oficiais sofriam intervenção governamental.

A ressurgência de um movimento trabalhista organizado, expressa nas greves do ABC paulista da década de 1970, colocava a possibilidade de uma

reorganização do movimento trabalhista de
forma livre da tutela do Estado, projeto este
expresso na criação da CONCLAT, que
viria a ser o embrião da CUT, fundada três
anos após o surgimento do PT.

Originalmente, este novo movimento
trabalhista buscava fazer política
exclusivamente na esfera sindical.

No entanto, a sobrevivência de um
sindicalismo tutelado - expressa na
reconstrução, na mesma época do antigo
CGT, agora com o nome de <u>Confederação
Geral dos Trabalhadores</u>, congregando
lideranças sindicais mais conservadoras,
como as de <u>Joaquinzão</u> e de <u>Luís Antônio
de Medeiros</u> - mais a influência ainda
exercida sobre o movimento sindical por
lideranças de partidos
de <u>Esquerda</u> tradicionais, como o <u>Partido
Comunista Brasileiro</u>, forçaram o
movimento sindical do <u>ABC</u>, estimulado por
lideranças anti<u>stalinistas</u> da Esquerda,
como a de diversos
grupamentos <u>trotskistas</u>, a adquirir
identidade própria pela constituição em

partido político - uma estratégia similar à realizada pelo movimento
sindical Solidarność na Polônia comunista de então.

O PT surgiu, assim, rejeitando tanto as tradicionais lideranças do sindicalismo oficial, como também procurando colocar em prática uma nova forma
de socialismo democrático,[18] tentando recusar modelos já então em decadência, como o soviético ou o chinês. Significou a confluência do sindicalismo basista da época com a intelectualidade de Esquerda antistalinista.[19]

Foi oficialmente reconhecido como partido político pelo Tribunal Superior de Justiça Eleitoral no dia 11 de fevereiro de 1982. A ficha de filiação número um foi assinada por Apolonio de Carvalho, seguido pelo crítico de arte Mário Pedrosa, pelo crítico literário Antonio Candido e pelo historiador e jornalista Sérgio Buarque de Hollanda.[20]

O PT surgiu da organização
sindical espontânea de operários paulistas

no final da <u>década de 1970</u>, dentro do
vácuo político criado pela repressão
do <u>regime militar</u> aos partidos comunistas
tradicionais e aos grupos armados de
Esquerda então existentes.

Desde a sua fundação, apresenta-se como
um partido de Esquerda que defende o
socialismo como forma de organização
social. Contudo, diz ter objeções ao
socialismo real implementado em alguns
países, não reconhecendo tais sistemas
como o verdadeiro socialismo.<u>18</u> A
ideologia espontânea das bases sindicais
do partido - e a ação pessoal de lideranças
sindicais como as de <u>Lula</u>, <u>Jair
Meneguelli</u> e outros, sempre se
caracterizou por uma certa rejeição das
ideologias em favor da ação sindical como
fim em si mesma, e é bem conhecido o
episódio em que Lula, questionado por seu
adversário <u>Fernando Collor</u> quanto à
filiação ideológica do PT, em debate
televisionado ao vivo em <u>1989</u>, respondeu
textualmente que o PT "jamais declarou ser
um partido <u>marxista</u>".

Mesmo assim, o partido manteve durante toda a década de 1980 relações amistosas com os partidos comunistas que então governavam países do "socialismo real" como a União Soviética, República Democrática Alemã, República Popular da China, e Cuba.

Estas relações, no entanto, jamais se traduziram em qualquer espécie de organização interpartidária ou de unidade de ação e não sobreviveram à derrocada do mesmo socialismo real a partir de 1989, não obstante a manutenção de certa afinidade sentimental de algumas lideranças do PT com o governo de Fidel Castro - como no caso emblemático do ex-deputado José Dirceu, que na década de 1960 foi exilado em Cuba e lá recebeu treinamento para a luta de guerrilha (da qual jamais participou concretamente).

A liderança do PT mantém também boas relações com o governo de Hugo Chávez na Venezuela.

O PT nasceu com uma postura crítica ao

113

reformismo dos partidos políticos social-democratas.

Nas palavras do seu programa original: "As correntes social-democratas não apresentam, hoje, nenhuma perspectiva real de superação histórica do capitalismo imperialista".21 O PT organizou-se, no papel, a partir das formulações de intelectuais marxistas, mas também continha em seu bojo, desde o nascimento, ideologias espontâneas dos sindicalistas que constituíram o seu "núcleo duro" organizacional, ideologias estas que apontavam para uma aceitação da ordem burguesa, e cuja importância tornou-se cada vez maior na medida em que o partido adquiria bases materiais como máquina burocrático-eleitoral.

O partido se articula com diversos outros partidos e grupos de esquerda latino-americanos, como a Frente Ampla uruguaia, partidos comunistas de Cuba, Brasil e outros países, e movimentos sociais brasileiros, como o MST no chamado Foro de São Paulo, reunião de movimentos e partidos políticos de esquerda latino-americanos.

Lula, afirmou no último desses encontros: "Precisei chegar à presidência da República para descobrir o quão importante foi criar o Foro de São Paulo".22

Alguns[quem?]23 afirmam que tais relações não se traduzem em qualquer espécie de unidade organizacional, ficando no nível da solidariedade política mútua em torno de certos objetivos comuns, como a luta pela unidade latino-americana e a oposição à penetração política estadunidense na América Latina. Esses últimos dizem[quem?] que o que caracteriza o PT é uma certa adesão retórica ao socialismo, adesão esta que não se traduz em pressupostos ideológicos claros e consensualmente admitidos pela generalidade do partido.

O ex-presidente do PT, José Genoíno, costumava afirmar que o socialismo e o marxismo tornaram-se, para o partido, mais "um sistema de valores" do que um conjunto de medidas para a transformação da sociedade.24

Outros, membros do partidos de direta e da grande mídia,25 26 27 discordando, caracterizam o Foro de São Paulo como um traçado de políticas conjunto e de fato, que foi o que permitiu a ascensão de Lula, de Hugo Chávez, de Evo Morales e da Frente Ampla, argumentando que essas políticas conjuntas estão traçadas nas atas desses foros, e são prontamente executadas pelos participantes presentes em governo.

As ideologias políticas dos partidos e movimentos participantes do Foro de São Paulo diferem elas mesmas consideravelmente.

Poder-se-ia dizer, ainda, que, no PT, o trabalho ideológico-teórico sempre foi levado à reboque das origens concretas do partido.

A favor dessa afirmação está o fato de que seu núcleo duro é composto por sindicalistas com uma preocupação, acima de tudo, com os interesses <u>corporativos</u> dos trabalhadores assalariados organizados, o que explicaria a facilidade com que o partido, uma vez no poder, adaptou-se à lógica da economia capitalista como um todo e a uma política econômica bastante ortodoxa.

E não se trata, aqui, apenas da Presidência da República: já na década de <u>1990</u>, prefeitos petistas como o futuro Ministro da Fazenda <u>Antônio Palocci</u> adotavam políticas de governo de tipo neoliberal (privatizações, cortes drásticos de gastos públicos) que em pouco distinguiam-se das propostas por seus análogos do <u>PSDB</u> ou dos <u>Democratas</u> (antigo PFL).<u>28</u> Em julho de 2006, o próprio presidente Lula se declarou distante da <u>esquerda</u>, admitindo que em um eventual segundo mandato prosseguiria com políticas conservadoras.<u>29</u>

Ainda assim, é possível contra-argumentar que uma regência capitalista da economia também foi praticada por <u>Lênin</u>, na chamada <u>Nova Política Econômica</u>, logo depois da revolução soviética. <u>José Genoíno</u>, em entrevista à <u>Folha de São Paulo</u> em Fevereiro de <u>2005</u>, afirmou categoricamente que o governo Lula seguia a Nova Política Econômica leninista.

Deve-se lembrar, ainda, que a burocracia do PT, por conta das suas ligações com cúpulas sindicais como as da <u>CUT</u>, teve a oportunidade concreta<u>30</u> de desenvolver estratégias de acumulação de capital através da administração de fundos de pensão privados (cujo desenvolvimento o governo Lula tentaria estimular na recente <u>reforma da previdência</u>), estratégias estas que acabariam por desenvolver uma certa identidade de interesses entre a burocracia do partido e setores da <u>burguesia</u> brasileira.

Raízes ideológicas

Para alguns[quem?]<u>31</u> <u>32</u> <u>33</u> , pode-se verificar as raízes ideológicas do PT em dois grandes nomes do <u>marxismo</u>: <u>Lênin</u> e <u>Gramsci</u>. A <u>Nova</u>

Política Econômica (NEP) — doutrina
econômica leninista que aderia a
mecanismos da economia de mercado sem
abrir mão do socialismo — serve de base e
inspiração para a política econômica
do governo Lula, segundo declaração
de José Genoíno, ex-presidente do PT, ao
jornal Folha de S. Paulo em fevereiro
de 2005.

Para esses, o reformismo gramscista é a
base da ação política e eleitoral do PT,
baseada no paradigma do moderno
príncipe (uma releitura feita por Gramsci do
príncipe de Maquiavel).

Esse pensamento é rejeitado por muitos
petistas, que negam qualquer relação com
os comunistas soviéticos, e até os
confrontam, como se vê nas origens do
partido.

O PT se originou no movimento sindical
brasileiro e nas comunidades eclesiais de
base da teologia da libertação, surgindo da
desilusão com o "socialismo realmente
existente", do modelo stalinista soviético

e maoista chinês, e pretendia-se, na origem, fundamentalmente como aquilo que seu nome indicava: um partido de trabalhadores para trabalhadores, inclusive como uma alternativa deliberada ao Partido Comunista Brasileiro.

Um fato emblemático para caracterizar esta posição diferenciada, como já dito, foi seu apoio ao sindicato independente Solidarność em sua luta por abertura política na Polônia comunista de então.

O PT, em sua própria definição, sempre se pautou pela liberdade de opinião e pela disciplina partidária - que alguns dizem remontar ao Partido Comunista Soviético, dirigido por Lênin.

Contudo, afasta-se do pensamento desse ideólogo por ser contra a ideia de ser um partido revolucionário centralizado dirigido por intelectuais.

A partir de sua base tradicional na classe operária urbana, o PT organizou-se mais como um aglomerado heterogêneo de núcleos temáticos, de forma antagônica a uma organização de base em células de tipo comunista, que tendiam a privilegiar a posição de <u>classe</u> dos filiados sobre seus interesses espontâneos ou afiliações não-classistas (por exemplo, o pertencimento a movimentos homossexuais, ecológicos, de base étnica e/ou identitária).

Casos emblemáticos disto foram a ligação do PT, desde muito cedo, com o movimento agrário-ecológico dos <u>seringueiros</u> do <u>Acre</u> pela instalação de <u>reservas extrativistas</u> na <u>Amazônia</u>, então dirigido pelo ativista <u>Chico Mendes</u> e o forte apoio dado por esse partido ao <u>MST</u>.

O PT, desde sua fundação, acabou por servir de desaguadouro a intelectuais <u>marxistas</u> (por exemplo o cientista político comunista <u>Carlos Nelson Coutinho</u>) e incorporou [<u>carece de fontes</u>] certas ideias políticas do <u>comunista italiano</u> Antonio Gramsci, basicamente a interpretação da luta política como luta pela hegemonia ideológica, ideia está reinterpretada num sentido <u>reformista</u>, em que os enfrentamentos no campo cultural passavam a substituir completamente a preparação para um enfrentamento revolucionário clássico de tipo violento, permitindo a aceitação da legalidade e do calendário eleitoral da <u>Democracia</u> parlamentar.

A maior parte dos estudiosos de Gramsci no <u>Brasil</u> é filiada e/ou simpática ao Partido dos Trabalhadores, colocando-se como <u>intelectuais orgânicos</u> de <u>ideologia proletária</u>) e muitos deles foram, inclusive, nomes importantes na criação do partido. Há, contudo, uma maior diversidade ideológica entre os intelectuais petistas.

Pode conceder-se até [<u>carece de fontes</u>], num sentido restrito, que o <u>gramscismo</u> seja considerado a ideologia do <u>campo majoritário</u>, a ala do PT que hoje o preside. A adesão do PT ao trabalho de superação do <u>senso comum</u>, à economia de mercado e ao abandono da luta revolucionária aberta é comprovada pelas periódicas purgas dos grupos nele incrustados que se reclamavam do marxismo mais ortodoxo. Em outras palavras, tal "gramscismo" não passaria de uma ideologia de renúncia à ação revolucionária em favor de um "socialismo" de meras atitudes pouco onerosas supostamente a favor dos oprimidos.

No início da década de 1990 ocorreram os primeiros rachas e expulsões do partido. Estas primeiras expulsões tinham como causa a propositura, por parte algumas correntes trotskistas, do engajamento do partido em ações de cunho revolucionário contra o governo de Fernando Collor, seja através de uma ação direta contra o mesmo (proposta pela corrente Causa Operária), seja levantando a plataforma de agitação de eleições gerais como sequência ao impeachment de Collor (proposta pela corrente Convergência Socialista). Em 2003, membros do partido inconformados com as políticas econômicas próximas à economia neoclássica (ou mais exatamente à releitura de economia neoclássica conhecida como Consenso de Washington) do Governo Lula, foram expulsos após não seguirem as diretrizes partidárias na votação da <u>Reforma da Previdência</u>.

Aproveitando-se do momento de crise em que o PT passava, esses membros, liderados por <u>Heloísa Helena</u>, pensavam ser o momento certo para a construção de um novo partido de esquerda a ser referência para os trabalhadores brasileiros.

Assim nascia o <u>Partido Socialismo e Liberdade</u> (PSOL). Mais tarde, o PSOL se tornaria apenas mais uma legenda dissidente do PT sem grande expressão eleitoral ou na base dos movimentos sociais.

Posteriormente, ao serem derrotados no PED (Processo de Eleições Diretas), que decidiam as direções partidárias, com a candidatura de <u>Plínio de Arruda Sampaio</u>, outra tendencia também migra para o PSOL, a Ação Popular Socialista (APS) de <u>Ivan Valente</u> .

Apesar destas pequenas rupturas o PT

ainda consegue ser referência para os trabalhadores e trabalhadoras do campo e da cidade.

Quadros importantes continuam no partido, como Raul Pont, Emir Sader e Valter Pomar, que preferiram disputar o comando do partido a romper com ele.

O PT contém ainda uma fração que mantém uma afiliação doutrinária e de organização com o trotskismo internacional, a Democracia Socialista (DS), já foi ligada à chamada Quarta Internacional (Pós-reunificação) - corrente esta que teve como seu mais importante dirigente histórico o economista belga Ernest Mandel. Pertence à DS o ex-ministro da Reforma Agrária do primeiro governo de Lula, Miguel Rosseto.

Tendências partidárias

Atuais

- Articulação - Unidade na Luta - AUNL (integra o campo Construindo um Novo Brasil - CNB).

- Articulação de Esquerda - AE

- Brasil Socialista - BS

- Democracia Radical - DR (integrou
  o Campo Majoritário)

- Democracia Socialista - DS (integra o
  campo Mensagem ao Partido)

- Esquerda Democrática - ED

- Fórum Socialista - FrS

- O Trabalho - OT

- Esquerda Popular Socialista - EPS

- Esquerda Marxista do PT - EMPT

- Militância Socialista

- Movimento PT

- Movimento de Ação e Identidade
  Socialista - MAIS

- PT de Luta e de Massas - PTLM

- União de Bases, Esperança
  Vermelha (tendência municipal - Volta
  Redonda/RJ)

- Um Novo Rumo para o PT - NR

Antigas

- Ação Popular Socialista - APS (fundada em 2004, saiu do partido em 2005, passou a integrar o PSOL).

- Causa Operária - CO (fundada em 1979, foi expulsa do partido em 1990 e passou a integrar o PCO)

- Convergência Socialista - CS (formada em 1978, foi expulsa do PT em 1992 e colaborou ativamente na formação do PSTU)

- Corrente Socialista dos Trabalhadores - CST (formada em 1992, abandonou o PT em 2004 colaborando para a fundação do PSOL).

- Força Socialista - FS (formada em 1989, converteu-se em 2004 na Ação Popular Socialista).

- Inaugurar um novo Período (surgida em 2011, compôs no mesmo ano a Esquerda Popular Socialista).

- Movimento Comunista Revolucionário - MCR (surgido em 1985, converteu-se em 1989 na <u>Força Socialista</u>).

- Movimento Esquerda Socialista - MES (abandonou o PT em 2004 colaborando para a fundação so <u>PSOL</u>).

- Movimento pela Emancipação do Proletariado - MEP (fundado em 1976, fundiu-se com outras organizações em 1985 dando origem ao <u>Movimento Comunista Revolucionário</u>).

- MRS(em 2011 passou a integrar a <u>Esquerda Popular Socialista</u>).

- Nova Esquerda - NE (formada em 1989, deu origem à <u>Democracia Radical</u>)

- Organização Comunista Democracia Proletária - OCDP (formada em meados de 1981, fundiu-se com outras organizações em 1985 dando origem ao <u>Movimento Comunista Revolucionário</u>).

- Organização de Combate Marxista Leninista-Política Operária - OCML-PO (surgida em 1970, diluiu-se no PT em

1986).

- Organização Socialista Internacionalista -
  OSI (converteu-se em 1987 na corrente O
  Trabalho). No movimento estudantil atuava
  através da tendência Liberdade e Luta.

- Partido Comunista - Ala Vermelha - PC-AV
  (formada em 1989, abandonou o PT em
  1992 colaborando para a formação
  do PSTU).

- Partido Comunista Brasileiro
  Revolucionário - PCBR (converteu-se nos
  anos 1990 na tendência Brasil socialista)

- Partido Comunista do Brasil - Ala
  Vermelha - PCdoB-AV (formado em 1966,
  fundiu-se com outras organizações em
  1985 dando origem ao Movimento
  Comunista Revolucionário).

- Partido Revolucionário Comunista - PRC
  (formado em 1984 e dissolvido em 1989,
  deu origem à Nova Esquerda e
  à Tendência Marxista).

- Poder Popular e Socialismo - PPB
  (formado em 1986, deu origem à Vertente

Socialista)

- PT de Aço (passou em 2011 a integrar a Esquerda Popular Socialista).

- PT Vivo

- Socialismo Revolucionário (aderiu ao PSOL).

- Tendência Marxista (formada em 1990, fundiu-se com outras organizações em 2011, dado origem à Esquerda Popular Socialista).

- Tendência pelo Partido Operário Revolucionário - TPOR (saiu do partido em 1990, passou a integrar o POR)

- UPS (em 2011 passou a integrar a Esquerda Popular Socialista).

Principais cargos conquistados

O partido obteve em 1985 a sua primeira prefeitura de uma capital, Fortaleza. Maria Luíza Fontenele foi a primeira mulher a ser prefeita de uma capital.

Em 1988, a prefeitura da maior cidade do

Brasil (<u>São Paulo</u>) foi ganha por <u>Luiza Erundina</u>, primeira mulher a governar a metrópole. Vencendo também na cidade vizinha de <u>São Bernardo do Campo</u>, o <u>Maurício Soares</u> e na cidade de Campinas por <u>Jacó Bittar</u>.

Vence também na cidade de <u>Porto Alegre</u>, <u>Rio Grande do Sul</u> com <u>Olívio Dutra</u> que, seguido de <u>Tarso Genro</u>, Raul Pont e Tarso Genro de novo, totalizaria dezesseis anos de administração petista na cidade, assim como na cidade de <u>Vitória</u>, Espírito Santo com <u>Vítor Buaiz</u>. Consegue ótimas colocações, na cidade de <u>Belo Horizonte</u> onde <u>Virgílio Guimarães</u> ficou em segundo lugar por 2% dos votos e em Goiânia onde Darci Accorsi ficou em segundo lugar, mas fez mais de 40% dos votos.

Em <u>1990</u> Jorge Viana vai ao segundo turno da eleição para governador do <u>Acre</u>, mas perde por três mil votos de diferença.

Nesse mesmo ano, é feito em <u>São Paulo</u> o primeiro senador do partido: Eduardo

Suplicy (que está atualmente no terceiro mandato, o que totalizará 24 anos de Senado).

Em 1992 elege Jorge Viana para prefeito de Rio Branco capital do Acre, onde o mesmo obteve uma grande aceitação pública no fim do seu mandato.

Em 1994 elege os governadores nos estados como Espírito Santo e Distrito Federal e quatro senadores:

- Marina Silva no Acre,
- José Eduardo Dutra em Sergipe,
- Lauro Campos no Distrito Federal e
- Benedita da Silva no Rio de Janeiro.

Em 1998 elege os governadores do

a) Rio Grande do Sul, Olívio Dutra,
b) do Mato Grosso do Sul, José Orcírio Miranda dos Santos (o Zeca do PT) e
c) Jorge Viana no Acre, além de
d) Heloísa Helena e
e) Tião Viana para o senado.

Em 2000 elege pela segunda vez uma mulher

- para governar São Paulo, <u>Marta Suplicy</u>.
- Elege Tarso Genro para o quarto mandato consecutivo em Porto Alegre,
- <u>Pedro Wilson Guimarães</u> em <u>Goiânia</u>,
- <u>João Henrique Pimentel</u> em <u>Macapá</u>,
- <u>João Paulo Lima e Silva</u> em <u>Recife</u>,
- Célio de Castro (eleito pelo PSB mas que entra no PT em 2001) em Belo Horizonte,
- <u>Marcelo Déda</u> em <u>Aracaju</u>,
- <u>Edmílson Rodrigues</u> em <u>Belém</u>, entre outras capitais e cidades importantes como
- <u>Guarulhos</u>,
- <u>Ribeirão Preto</u>,
- <u>Campinas</u>,
- <u>Caxias do Sul</u>,
- <u>Londrina</u>,
- <u>Maringá</u>,
- <u>Imperatriz</u> e
- <u>Corumbá</u>.

Em <u>2002</u> elege <u>Aloizio Mercadante</u>, <u>senador da República</u> com 10.497.348 votos, a maior votação já registrada no país até então.<u>34</u>

Em 2002 chega à <u>Presidência da</u>

República pela primeira vez.

Lula da Silva foi eleito Presidente da República na ocasião, juntamente com a maior bancada de deputados federais, de 91 deputados, eleita para o Congresso Nacional.

João Paulo Cunha é eleito presidente da câmara dos deputados em 2003, sendo o primeiro petista e o primeiro sindicalista a obter o cargo.

Nas eleições de 2002 o PT

a) elege Wellington Dias para o governo do Piauí,
b) reelege Jorge Viana no Acre e
c) Zeca do PT no Mato Grosso do Sul.
d) Além de eleger 10 senadores:
1- Paulo Paim (RS),
2- Ideli Salvatti (SC),
3- Flávio Arns (PR),
4- Ana Julia Carepa (PA),
5- Marina Silva (AC),
6- Aloizio Mercadante (SP),
7- Delcídio Amaral (MS),
8- Serys Slhessarenko(MT),

9- <u>Fátima Cleide</u> (RO) e

10- <u>Cristovam Buarque</u> (desfiliou-se em
2005).

Em <u>2004</u>, nas eleições municipais, o
partido perdeu em importantes centros
urbanos (como as prefeituras de

a) São Paulo,

b) Campinas,

c) <u>Santos</u>,

d) Goiânia,

e) Ribeirão Preto e

f) Porto Alegre,

onde o partido se mantinha no poder há
dezesseis anos), Entretanto, o número total
de prefeitos eleitos pelo PT no país subiu
de 187 para 411.

Na terceira mais importante cidade do país,
Belo Horizonte, o PT conseguiu

a) reeleger o prefeito <u>Fernando Pimentel</u> e

b) em Recife, quarta maior cidade do país,
reelege João Paulo.

Em São Paulo, o partido perdeu a
prefeitura para <u>José Serra</u>, do <u>PSDB</u>,

contra quem Lula concorrera à Presidência em 2002.

O atual presidente do PT desde 11 de outubro de 2005 é Ricardo Berzoini.

Deputado federal, Berzoini era secretário-geral do partido e foi escolhido candidato do Campo Majoritário depois que o então presidente, Tarso Genro, desistiu da disputa.

O Partido dos Trabalhadores é o único partido no Brasil com eleições diretas para todos os cargos da direção partidária, em todos os níveis - municipal, estadual e federal - através do processo de eleições diretas (PED), que ocorre a cada três anos.35

É necessário lembrar, no entanto, que em função da sua concentração cada vez maior em uma ação política pautada pelo calendário eleitoral, que o PT acabou por girar, cada vez mais, em torno da figura individual de Lula e do grupo ideologicamente mais afinado com ele, o Campo Majoritário (sucessor da tendência

Articulação) que acabaria por se impor ao partido como facção dominante, a partir dos <u>expurgos</u> das correntes de extrema-esquerda no interior do partido no início da <u>década de 1990</u>, que fundaram o

a) <u>PSTU</u> (Partido Socialista dos Trabalhadores Unificado), o
b) <u>PCO</u> (Partido da Causa Operária), e também o
c) <u>PSOL</u> no começo da <u>década de 2000</u>.

Em 2008, nas eleições municipais, venceu em importantes cidades do Estado de São Paulo.

<u>Luiz Marinho</u> ganha no segundo turno a prefeitura de <u>São Bernardo do Campo</u>. <u>Emídio de Souza</u> foi reeleito prefeito de <u>Osasco</u>, no primeiro turno.

<u>Márcia Rosa</u> vence a eleição em <u>Cubatão</u> e o PT volta a ter uma prefeitura na <u>Baixada Santista</u>, fato que não ocorria desde a eleição de 1992.

Quando <u>David Capistrano</u> foi eleito em <u>Santos</u>, com apoio da então prefeita <u>Telma de Souza</u>.

Em <u>1 de abril</u> de <u>2010</u>, o partido
reconquistou a prefeitura de <u>Goiânia</u>, após
a renúncia do então prefeito <u>Iris Rezende</u>,
do <u>PMDB</u>. No seu lugar assumiu o
petista <u>Paulo Garcia</u>.

Em 31 de outubro de 2010, Dilma Vana
Roussef é eleita <u>Presidente do
Brasil</u> tornando-se a primeira mulher a
assumir o cargo na história da república.

O PT jamais elegeu um governador
no <u>Estado de São Paulo</u>, o mais importante
e influente da Federação, ainda que
sempre esteve presente nas disputas,
desde a redemocratização.

Governo Lula

Com a ascensão para a <u>Presidência</u> do
Luís Inácio Lula da Silva, do Partido dos
Trabalhadores em 2002 vencendo o 2º
turno das eleições gerais de 2002 e com a
posse em Janeiro de 2003, aglutinou-se
vários partidos políticos, dentre eles o
Partido Popular Socialista, Partido

Socialista Brasileiro, Partido Democrático Trabalhista, e outros como base de sustentação.

Com a continuidade das políticas econômicas do Governo do <u>Fernando Henrique Cardoso</u> e com as denúncias de corrupção, adveio uma crise política que ocasionou a cisão do Partido dos Trabalhadores em <u>Partido Socialismo e Liberdade</u> (PSOL) em 2004.

Havendo após este período as críticas da esquerda ao Governo do Presidente Lula e o reconhecimento público do Partido dos Trabalhadores como um partido reformista de centro-esquerda.

Em 2006 com as eleições gerais, foi reafirmado o projeto petista de Brasil, havendo o desenvolvimento do <u>Plano de Aceleração do Crescimento</u>, o PAC.

Neste governo também ocorreu o maior escândalo da República, conhecido como o mensalão, através de artifícios com empresários o governo federal levantou fundos junto a orgãos federais(banco do

Brasil) para comprar apoio de deputados/senadores com dinheiro público, com o julgamento do STF em 2012, várias figuras do petismo foram condenadas.

Controvérsias

À medida que o PT, durante a década de 1990, foi se acomodando na normalidade institucional da política brasileira, abandonando posturas simbólicas de rejeição daquilo que, na terminologia marxista, ele denominava "democracia burguesa" (gestos tais como a expulsão dos deputados federais <u>Airton Soares</u> e <u>Bete Mendes</u> por votarem em <u>Tancredo Neves</u>no Colégio Eleitoral de 1985, ou o voto "não" à redação final da <u>Constituição de 1988</u>) ele foi lentamente abandonando o caráter de uma "frente" informal de grupos de Esquerda para desenvolver uma poderosa estrutura burocrática permanente que o tornasse apto a participar, com chances de vitória, de embates eleitorais normais. Associe-se a isto a perda de ímpeto militante por conta das posições cada vez mais conservadoras adotadas pelo partido, e temos que o PT tornou-se cada vez mais dependente de fontes externas de fundos que viabilizassem suas campanhas eleitorais e a montagem de uma base de apoio parlamentar ao Governo Lula. No dizer do intelectual marxista César Benjamin, desde 1990, " Lula e José Dirceu começaram a esvaziar o potencial militante do PT para transformar o partido em uma máquina eleitoral tão formidável quanto inofensiva [...] dirigir o PT, nos últimos anos, foi gerenciar ambições".

Outros[quem?] argumentam que o PT teria sido vítima daquilo que o politólogo Robert Michels, no início do século XX, havia denominado "Lei de Ferro da Oligarquia": a sua direção burocrática teria se integrado à ordem burguesa simplesmente como um interesse corporativo a mais, desmoralizando o partido diante da opinião pública como um instrumento de transformação social em larga escala. De certo, pode-se dizer que o partido encontra-se numa séria crise financeira, o que o levou inclusive a se desfazer de sua sede em Brasília, assim como uma crise de legitimidade da sua direção oriunda do já mencionado <u>Campo Majoritário</u>, o qual perdeu, nas últimas eleições internas, a maioria na direção do partido.

Ranking da corrupção

Com base em dados divulgados pelo <u>Tribunal Superior Eleitoral</u>, o <u>Movimento de Combate à Corrupção Eleitoral</u> divulgou um <u>balanço</u>, em <u>4 de outubro</u> de <u>2007</u>, com os partidos com maior número de parlamentares cassados por corrupção desde o ano 2000.

O PT aparece em nono lugar na lista, com 10 cassações, atrás do

a) <u>DEM</u>,
b) <u>PMDB</u>
c) <u>PSDB</u>,
d) <u>PP</u>,
e) <u>PTB</u>,
f) <u>PDT</u>,

g) <u>PR</u>

h) <u>PPS</u>.36

Escândalos de corrupção

<u>Mensalão</u>, <u>Escândalo dos bingos</u>, <u>Celso Daniel</u>, <u>Escândalo dos cartões corporativos</u>

No ano de 2005, o penúltimo ano da gestão do PT, membros do partido viram-se envolvidos em várias acusações de <u>corrupção</u> que passaram a ter grande repercussão após denúncias do então deputado federal e ex-presidente do <u>PTB</u>, <u>Roberto Jefferson</u> (envolvido em um escândalo de corrupção nos <u>Correios</u>), sobre um suposto esquema de pagamento de propina a parlamentares, que denominou "<u>mensalão</u>".

As acusações do deputado no Conselho de Ética da <u>Câmara dos Deputados</u> culminaram no afastamento do então Ministro-chefe da <u>Casa Civil</u>, <u>José Dirceu</u>, na instalação da <u>CPI</u> dos Correios e em várias acusações em sequência, que provocaram a saída do presidente do PT <u>José Genoíno</u> e o pedido de licença de vários membros da cúpula do partido.

Dentre estes, os principais nomes são os de Silvio Pereira que era secretário-geral nacional do PT,e saiu por ter ganho um veículo de uma empresa privada que havia vencido uma licitação, e Delúbio Soares, ex-tesoureiro do partido, que foi expulso do partido por ter sido indiciado como o tesoureiro do mensalão e demitido do quadro de professores do Governo de Goiás por não exercer o cargo. [carece de fontes]

Após o escândalo do mensalão, o deputado federal José Dirceu teve seu mandato cassado pelo plenário da Câmara.

O relator da CPI concluiu que houve distribuição de recursos ilegais a parlamentares com periodicidade.

"Houve recebimento de vantagens indevidas por parlamentares e dirigentes partidários com periodicidade variável, mas constante em 2002 e em 2003.

Chame-se a isso mensalão quem quiser;

chame-se a isso quinzenão quem quiser; chame-se a isso semanão quem quiser".37 citando o relatório final de Ibrahim Abi-Ackel (PP-MG).

O PT defende a tese de que o crime cometido foi o de Caixa Dois e não o da compra de deputados.

A respeito disso, o <u>Presidente Lula</u> declarou, em entrevista na França, no mês de julho de 2005, que "O que o PT fez do ponto de vista eleitoral é o que é feito no Brasil sistematicamente.

Eu acho que as pessoas não pensaram direito no que estavam fazendo, porque o PT tem na ética uma das suas marcas mais extraordinárias.

E não é por causa do erro de um dirigente ou de outro que você pode dizer que o PT está envolvido em corrupção."38

Em Setembro de <u>2006</u> surge um novo escândalo, chamado de "<u>Crise do dossiê</u>" envolvendo pessoas próximas ao presidente Lula e ao senador <u>Aloizio</u>

<u>Mercadante</u>, respectivamente candidatos à Presidência da República e ao governo de <u>São Paulo</u>, que pretendiam comprar, com 1,7 milhão de reais em dinheiro vivo, de origem duvidosa, um dossiê que supostamente vincularia o candidato <u>José Serra</u> com o <u>escândalo das sanguessugas</u>. [<u>carece de fontes</u>]

O principal marco dos escândalos de corrupção no PT é o grande número de envolvidos na liderança do partido, o que não se tinha notícia até a crise do <u>Mensalão</u>.

Em <u>1 de fevereiro</u> de <u>2008</u>, a Ministra da Igualdade Racial <u>Matilde Ribeiro</u>, também filiada ao partido pediu demissão do cargo, por conta dos gastos irregulares com o cartão de crédito corporativo de seu gabinete. [<u>carece de fontes</u>].

O mais recente escândalo envolve o ex-ministro <u>Antonio Palocci</u>, que aumentou seu patrimônio em 20 vezes em apenas quatro anos, sendo que uma grande parcela do seu enriquecimento se deu nos dois meses subsequentes às eleições presidenciais de 2010.

Acusado de tráfico de influência, se viu muito próximo de sofrer a investigação de uma CPI no Senado, o que possivelmente causaria um grande abalo no governo de sua presidenta Dilma Rousseff. Paloci pediu afastamento em 07 de Junho de 2011.39

Durante o governo do PT, houve uma concentração da grande mídia, privilegiando os empresários já estabelecidos, principalmente no ramo de radiodifusão.40

Bancada na Câmara dos Deputados

: Wilson Dias/ABr)

- Luiz Inácio Lula da Silva (1980-1994) (de 1992 até o dia 31 de dezembro de 2002 e de 10 de fevereiro de 2011 até hoje, comopresidente de Honra)

- Rui Falcão (1994)

- José Dirceu (1995-2002)

- José Genoíno (2002-2005)

- Tarso Genro (2005) (interino)

- Ricardo Berzoini (setembro de 2005 a 6 de outubro de 2006)

- Marco Aurélio Garcia (6 de outubro de 2006 a 2 de janeiro de 2007) (interino)

- Ricardo Berzoini (2 de janeiro de 2007 a 2010)

- José Eduardo Dutra (2010-2011)

- Rui Falcão (desde 2011)

Ex-membros famosos

- Babá

- Chico Alencar

- Cristovam Buarque

- Delúbio Soares

- Heloísa Helena

- José Nery
  Azevedo

- Luciana Genro

- Marcos Rolim

- Maria Luíza
  Fontenele

- Marina Silva

- Marinor Brito

- Plínio de
  Arruda
  Sampaio

- Silvio Pereira

- Soninha
  Francine

Bibliografia

- ALMEIDA, Jorge, CANCELLI, Vitória e VIEIRA, Maria Alice (Org.). Resoluções de Encontros e Congressos do Partido dos Trabalhadores. Ed. Fundação Perseu Abramo, 1998. 1a Reimpressão, 2000.

149

- AMARAL, Oswaldo E. do. A estrela não é mais vermelha: as mudanças do programa petista nos anos 1990. São Paulo, Garçoni, 2003.

- ANDERSON, Perry O Brasil de Lula. Revista Novos Estudos. Novembro 2011.

- ANGELO, Vitor Amorim de; VILLA, Marco Antonio. O Partido dos Trabalhadores e a política brasileira (1980-2006): uma história revisitada. São Carlos: EdUFSCar/FAPESP, 2009.

- AZEVEDO, Clovis Buenoi de. Leninismo e social-democracia: uma investigação sobre o projeto político do Partido dos Trabalhadores. São Paulo, USP/FFLCH, 1981. 253 f. (Dissertação de mestrado)

- AZEVEDO, Reinaldo; O País dos Petralhas. Record, 2008.

- BENJAMIN, César - "Pisavam nos astros, distraídos...", Folha de S. Paulo, 30 de novembro de 2005.

- BERBEL, M.R. Partido dos Trabalhadores: tradição e ruptura na esquerda brasileira

(1978-1980). São Paulo, 1991. Dissertação
(Mestrado). Universidade de São Paulo.

- FURTADO, Olavo Henrique Pudenci.
Trajetos e perspectiva social-democratas:
do modelo europeu para o PSDB e o PT no
Brasil. Campinas, Unicamp/IFCH, 1996.
158 f. (Dissertação de mestrado)

- GADOTTI, M.; PEREIRA, O. Pra que
PT: Origem, Projeto e Consolidação do
Partido dos Trabalhadores. São Paulo,
Cortez, 1989.

- KECK, Margareth E. - PT: a lógica da
diferença: o Partido dos Trabalhadores na
construção da democracia brasileira. São
Paulo, Ática, 1991.

- GUIMARÃES, Juarez Rocha. Claro
enigma: o PT e a tradição socialista.
Campinas, 1990. Dissertação (mestrado).
Universidade de Campinas.

- LEAL, Paulo Roberto Figueira. "O PT e o
Dilema da Representação Política - Os
deputados federais são representantes de
quem?". Rio de Janeiro, Editora

FGV,2005, <u>ISBN 85-225-0502-0</u> .

- MENEGUELLO, Rachel. PT: a formação de um partido, 1979-1982. Rio de Janeiro, Paz e Terra, 1989.

- OLIVEIRA, Francisco de. "O Ornitorrinco", posfácio a Crítica à Razão Dualista, Boitempo Editorial, São Paulo, 2003

- POMAR, Valter, org., Socialismo ou Barbárie: Documentos da Articulação de Esquerda. S.Paulo, Editora Viramundo,2000.

- SINGER, André. "Raizes sociais e ideológicas do lulismo". Revista Novos Estudos CEBRAP nº 85, novembro 2009.

- SOUZA, Marco Antônio de. Da esquerda revolucionária pré-64 ao PT: continuidades e rupturas. São Paulo, 1995. Dissertação (Mestrado). Universidade de São Paulo

- VOIGT, Leo. A formação do PT: esboço de reconstrução histórica. Porto Alegre, 1990. Dissertação (Mestrado). Universidade Federal do Rio Grande do Sul.

Bibliografia comentada

- <u>MENEGOZZO</u>, Carlos Henrique Metidieri. <u>Partido dos Trabalhadores: fontes arquivísticas e bibliográficas</u>. Observatório Latinoamericano. Argentina: Instituto de Estudios de America Latina y Caribe/Universidad de Buenos Aieres, n. 10, p.115-134, fev. 2013.

- <u>MENEGOZZO</u>, Carlos Henrique Metidieri. <u>Partido dos Trabalhadores: bibliografia comentada (1979-1988)</u>. Perseu: História, Memória e Política, <u>n. 1</u>, p. 69-89, 2007.

- <u>MENEGOZZO</u>, Carlos Henrique Metidieri. <u>Partido dos Trabalhadores: bibliografia comentada, livros (1989-1992)</u>. Perseu: História, Memória e Política, <u>n. 2</u>, p. 293-324, 2008.

- <u>MENEGOZZO</u>, Carlos Henrique Metidieri. <u>Partido dos Trabalhadores: bibliografia comentada, livros (1993-1996)</u>. Perseu: história, memória e política, <u>n. 3</u>, p. 223-257, 2009].

* <u>MENEGOZZO</u>, Carlos Henrique Metidieri; SILVA, Patrícia Rodrigues da. Partido dos Trabalhadores: bibliografia comentada, livros (1997-1999). Perseu: História, Memória e Política, <u>n. 4</u>, p. 00-00, 2010.

* <u>MENEGOZZO</u>, Carlos Henrique Metidieri; SILVA, Patrícia Rodrigues da; MACIEL, Aline Fernanda. Partido dos Trabalhadores: bibliografia comentada, livros (2000). Perseu: História, Memória e Política, <u>n. 5</u>, p. 217-234, 2010.

* <u>MENEGOZZO</u>, Carlos Henrique Metidieri; MACIEL, Aline Fernanda; SILVA, Patrícia Rodrigues da. Partido dos Trabalhadores: bibliografia comentada, livros (2001-2002). Perseu: História, Memória e Política, <u>n. 6</u>, p. 000-000, 2011.

Referências

1. ↑ AMARAL, Oswaldo E. do. A estrela não é mais vermelha: as mudanças do programa petista nos anos 1990. São Paulo, Garçoni, 2003.

2. ↑ Gadotti, M.; Pereira, O. Pra que

PT: Origem, Projeto e Consolidação do Partido dos Trabalhadores. São Paulo, Cortez, 1989.

3. ↑ KECK, Margareth E. PT: a lógica da diferença: o Partido dos Trabalhadores na construção da democracia brasileira. São Paulo, Ática, 1991.

4. ↑ SINGER, André. Raizes sociais e ideológicas do lulismo. Revista Novos Estudos CEBRAP, n. 85, nov. 2009.

5. ↑ Governadores 2010. UOL.

6. ↑ Resultados da eleição municipal de 2012. Google Política e Eleições.

7. ↑ Senadores 2010. UOL.

8. ↑ Deputados federais 2010. UOL.

9. ↑ Deputados estaduais 2010. UOL.

10. ↑ PMDB tem maior número de filiados e PT vem em 2º (7 de maio de 2012). Página visitada em 14 de outubro de 2012.

11. ↑ "Partido dos Trabalhadores elege maior bancada na Câmara dos

Deputados", G1, Gazeta Online, 4 de
outubro de 2010

12. ↑ Machado, Uirá and Puls,
Maurício. "Aprovação mais alta do PT
projeta bancada recorde". Folha de S.
Paulo. August 2, 2010.

13. ↑ (em inglês) Rabello, Maria
Luiza. "Lula's Chosen Heir Surges in Brazil
Presidential Poll". Business Week.
February 1, 2010.

14. ↑ Douglas do ForumZN (2009). Hino do
Partido dos Trabalhadores: para os petistas
de alma e coração. Página visitada em 6
de mar. de 2013.

15. ↑ Tribunal Superior Eleitoral:
Informações sobre o PT

16. ↑ Reportagem de Perseu Abramo sobre
a reunião de fundação do PT, realizada
noColégio Sion, em São Paulo
(originalmente publicada no
jornal Movimento, 18 a 24 de fevereiro de
1980).

17. ↑ Resoluções da Conclat e dos

156

Congressos e Plenárias da CUT - 1983 - 2003

18. ↑ a b c Manifesto aprovado na reunião do Sion, Fundação Perseu Abramo, 24 de Abril de 2006

19. ↑ André Singer, O PT- Folha Explica, São Paulo, Publifolha, 2001, apud Paulo Roberto Figueira Leal, O PT e o dilema da representação política, Rio de Janeiro, FGV, 2005, pg44

20. ↑ "Onde estão os intelectuais brasileiros", Juliana Sayuri Ogassawara, Revista Fórum, São Paulo, Editora Publisher, maio de 2009, Página 20.

21. ↑ PT, SPPERT.com.br

22. ↑ A Importância do Discurso - 1. Introdução

23. ↑ OGASSAWARA, Juliana Sayuri. Revista Fórum: Onde estão os intelectuais brasileiros. São Paulo: Editora Publisher, maio de 2009. Página 20.

24. ↑ Entrevista de José Genoíno ao jornal O Estado de São Paulo, publicada em 19.10.2003.

25. ↑ SINGER, André. O PT - Folha Explica, São Paulo, Publifolha, 2001, apud LEAL, Paulo Roberto Figueira. O PT e o dilema da representação política, Rio de Janeiro, FGV, 2005, pg44.

26. ↑ As Farc, o PT e os objetivos de longo prazo do Foro de São Paulo por Caio Rossi em 21 de agosto de 2010 publicada pela MÍDIA@MAIS em "Opinião - América Latina"

27. ↑ O Brasil e o lixo comunista: Uma terrível realidade rumo à Nova Ordem Mundial por Olavo de Carvalho (2010)

28. ↑ Cf. Valter Pomar, org., Socialismo ou Barbárie: Documentos da Articulação de Esquerda. S.Paulo, Editora Viramundo, 2000, ISBN 85-85934-49-2

29. ↑ Lula se diz longe da esquerda e quer manter política econômica, Notícias.terra.com.br, 14 de Julho de 2006

30. ↑ Francisco de Oliveira, "O Ornitorrinco", posfácio a Crítica à Razão Dualista, Boitempo Editorial, São Paulo, 2003, ISBN 85-7559-036-7

31. ↑ A Revolução Gramscista no Ocidente pelo general Sergio Augusto de Avellar Coutinho (2002)

32. ↑ O PT Como "partido orgânico" da modernização capitalista brasileira - breves notasAntonio Carlos Mazzeo publicado no dia 20 de setembro de 2010 na Revista Socialismo e Liberdade da Fundação Lauro Campos

33. ↑ A Nova Era e a Revolução Cultural: Fritjof Capra e Antonio Gramsci por Olavo de Carvalho [1]

34. ↑ [2]

35. ↑ 26 mil filiados irão decidir o futuro do PT no Maranhão, Manoel Santos, blog do Manoel Santos, Jornal Pequeno, 27 de setembro de 2009

36. ↑ Desde 2000, 623 políticos foram cassados. DEM lidera ranking. O Globo

159

Online (04 de Outubro de 207). Página visitada em 11 de julho de 2010.

37.   ↑ Folha Online, 18 de novembro de 2005: Por 23 assinaturas, CPI do Mensalão chega ao fim

38.   ↑ Folha Online, 7 de novembro de 2005: Lula diz que caixa dois é "intolerável" e critica Delúbio

39.   ↑ Ministro Antonio Palocci pede afastamento do cargo, G1, 07 de Junho de 2011]

40.   ↑ Luis Kawaguti. Dez anos de solidão (em português). Observatório da Imprensa. Página visitada em 9 de abril de 2013.

41.   ↑ [3]

42.   ↑ [4]

43.   ↑ http://www1.folha.uol.com.br/poder/84 8698-dilma-confirma-indicacao-de-sete-novos-ministros.shtml%7Ctítulo=Dilma confirma indicação de sete novos

ministros|publicado=<u>Folha de S.
Paulo</u>|autor=Falcão, Márcio; Nery, Natuza;
Flor, Ana|data=20 de dezembro de 2010

44. ↑ <u>PT- RJ - Tarso Genro diz que Molon
vai acabar com o isolamento do Rio</u>

45. ↑ <u>Folha Online - Apuração - Rio de
Janeiro - Deputado Estadual (2006)</u>

46. ↑ Sítio da Presidência da
República. <u>Biografia do Ministro Altemir
Gregolin</u> (em português). Página visitada
em 22 de julho de 2009.

47. ↑ <u>Uma pororoca de escândalos.</u>

48. ↑ <u>Presa, estuprada e torturada.</u>

49. ↑ <u>Veja Online - 24 de março de 2006</u>

50. ↑ <u>Ator por acaso, comunista por opção</u>,
Leneide Duarte, Revista IstoÉ Gente, nº
18, de 06 de dezembro de 1999 (acessada
em novembro de 2008)

51. ↑ <u>http://www.terra.com.br/istoegente/17
0/reportagens/lula_companheira_marisa.ht</u>

PARTIDO DEMOCRÁTICO TRABALHISTA – PDT

Partido Democrático Trabalhista (PDT) é um partido político brasileiro de centro-esquerda e de ideologia trabalhista, fundado por políticos e intelectuais brasileiros no final da década de 1970, logo após o início do processo de abertura política da ditadura militar. Seu número eleitoral é o 12.1

O PDT é o único partido brasileiro a integrar a Internacional Socialista.

É o partido de origem da atual presidente Dilma Rousseff, que o trocou pelo Partido dos Trabalhadores no ano 2000, pelo convite do ex-presidente Luiz Inácio Lula da Silva e amigo do fundador do partido Leonel de Moura Brizola. É, com efeito, uma das legendas de situação do atual governo, estando à frente do Ministério do Trabalho e Emprego.

Índice

- 1 Ideologia partidária
  - 1.1 O trabalhismo do PDT
- 2 Fundação
  - 2.1 A disputa pela legenda do PTB
- 3 História
  - 3.1 Década de 1980
  - 3.2 Atuação durante a Assembleia Nacional Constituinte
  - 3.3 Década de 1990
  - 3.4 Década de 2000
- 4 Situação atual
- 5 Ranking da corrupção
- 6 Bancada na Câmara dos Deputados
  - 6.1 Composição atual
  - 6.2 Bancada eleita para a legislatura
- 7 Participação do partido nas eleições presidenciais

- 8 Cargos importantes ocupados por membros do PDT

- 9 Membros ilustres

- 10 Membros Históricos

- 11 Ex-membros de destaque

- 12 Referências

- 13 Ver também

- 14 Ligações externas

Ideologia partidária[editar]

O trabalhismo é um conceito que começa a ser estabelecido a partir da Revolução Industrial, quando começa a se organizar um movimento com vistas à melhoria da condição de vida dos trabalhadores.

O PDT, com o passar dos anos, o "movimento democrático trabalhista" , ligada a Internacional Socialista, que tem uma ideologia bem diferente da Comunista, segundo seu fundador a começar pela Democracia da Sigla, e começa a crescer e a gerar diferentes ideologias na defesa deste ideal, tendo uma variação de abordagem em relação ao tema. Dentro desse espectro se encontram desde as ideologias mais brandas como a democracia-cristã, passando pelo próprio trabalhismo, social-democracia, socialismo e chegando até as mais radicais como o comunismo e o anarquismo, como discussão no partido e a real viabilidade desses, experiência de Brizola durante seu exílio.

No Brasil, o "movimento trabalhista" só começa a ganhar corpo no início do século XX, na parte final da República Velha, vindo a se fazer mais presente na vida nacional por volta das décadas de 1920 e 1930. (o Partido Comunista Brasileiro – PCB foi fundado em 1922).

A ideologia trabalhista tem início na Inglaterra, com a criação de sindicatos de trabalhadores que visam lutar pela melhoria da qualidade de suas vidas, assim como a busca da regulação da atividade trabalhadora, bem como a busca pelo estabelecimento de direitos e garantias aos trabalhadores, tendo como exemplo o fim do trabalho infantil, o direito ao descanso semanal remunerado, um limite na jornada de trabalho etc.

No Brasil, a ideologia trabalhista ganha força através da ação política do Presidente <u>Getúlio Vargas</u> de estímulo à criação de sindicatos e o exercício de sua influência sobre eles e a classe trabalhadora, que acabará culminando com a fundação do Partido Trabalhista Brasileiro – PTB em <u>1945</u>.

O conceito do trabalhismo, tal como desenvolvido na Inglaterra, sofreu uma certa "<u>abrasileiração</u>", dando ensejo a uma ideologia tipicamente nacional, e tendo como um de seus principais ideólogos o sociólogo e político <u>Alberto Pasqualini</u>, que tinha como base os princípios do solidarismo cristão (democracia-cristã).

Definia-se o trabalhismo como expressão equivalente à de <u>capitalismo</u> solidarista. Por esta expressão, tem-se que a ideologia trabalhista reconhece o capitalismo como

sistema econômico, não se opondo,
portanto, à propriedade privada, mas
defendendo uma intervenção do Estado na
economia, de modo a corrigir os excessos
do sistema capitalista, e atingir uma forma
mais moderada e "humana" do capitalismo,
dando ênfase nas políticas públicas com
objetivo de melhorar a condição de vida
dos trabalhadores, o que seria atingindo
baseado na "conciliação de classes".

O trabalhismo sustenta então a prevalência
do trabalho sobre o capital, buscando a sua
convivência harmônica, bem como a
superação das diferenças de classe, sem
violência, através da melhor distribuição da
riqueza e da promoção da justiça social.

Tem-se então que o trabalhismo não
defende o fim do capitalismo, mas sim o
abrandamento de suas consequências
como o faz a democracia-cristã, porém, a
diferença entre as duas ideologias é que o
trabalhismo é uma ideologia que
dependendo da variante assumida pelo
movimento trabalhista pode ser
totalmente <u>laica</u>, não pregando

necessariamente a fidelidade aos ensinamentos <u>cristãos</u>.

O trabalhismo do PDT

Com a anistia política e o fim do bipartidarismo no final dos anos 1970, <u>Leonel Brizola</u>, ainda no exílio, resolve reunir políticos e intelectuais progressistas para a refundação do trabalhismo na vida partidária nacional. É nesse sentido que um congresso é realizado na cidade de <u>Lisboa</u>, <u>Portugal</u> culminando ao final com a redação de um documento que ficou conhecido como <u>Carta de Lisboa</u>, e que é considerada como sendo da fundação do PDT.

Nesse momento, o trabalhismo que viria a ser adotado pelo PDT sofre uma certa mutação. Tendo maior contato com os ideais socialistas e social-democratas do <u>Estado do bem-estar social</u> dos países europeus durante a segunda metade do século XX, políticos que viriam a formar a liderança do PDT, resolvem patrocinar uma evolução no conceito trabalhista, considerando-o como sendo uma forma democrática de se chegar ao socialismo, o que não existia no trabalhismo defendido nas décadas anteriores.

Essa evolução pode ser confirmada pelo seguinte trecho da Carta de Lisboa:

"Analisando a conjuntura brasileira, concluímos pela necessidade de assumirmos a responsabilidade que exige o momento histórico e de convocarmos as forças comprometidas com os interesses dos oprimidos, dos marginalizados, de todos os trabalhadores brasileiros, para que nos somemos na tarefa da construção de um Partido Popular, Nacional e Democrático, o nosso PTB. Tarefa que não se improvisa, que não se impõe por decisão de minorias, mas que nasce do encontro do povo organizado com a iniciativa dos líderes identificados com a causa popular.

Nós, Trabalhistas, assumimos a responsabilidade desta convocatória, porque acreditamos que só através de um amplo debate, com a participação de todos, poderemos encontrar nosso caminho para a construção no Brasil de uma sociedade socialista, fraterna e solidária, em Democracia e em Liberdade."

"Art. 1 – O Partido Democrático Trabalhista – PDT – é uma é uma organização política da Nação Brasileira para a defesa de seus interesses, de seu patrimônio, de sua identidade e de sua integridade, e tem como objetivos principais lutar, sob a inspiração do nacionalismo e do trabalhismo, pela soberania e pelo desenvolvimento do Brasil, pela dignificação do povo brasileiro e pelos direitos e conquistas do trabalho e do conhecimento, fontes originárias de todos os bens e riquezas, visando à construção de uma sociedade democrática e socialista."

Deve-se, no entanto, frisar que o trabalhismo se diferencia do socialismo na medida em que ele não se posiciona contra o mercado, nem prega a luta e de classes,

muito menos sua extinção e substituição
por uma sociedade sem classes, buscando
no entanto superar o capitalismo de forma
processual, através de reformas
democráticas, na busca por uma sociedade
mais justa e equitativa, numa espécie de
socialismo de mercado, sendo possível a
existência de uma economia mista, onde
os meios de produção estratégicos devem
ser coletivos, enquanto que em outras
áreas, a existência das práticas capitalistas
e da propriedade privada são aceitas,
sendo, no entanto, reguladas pelo Estado,
com intervenções voltadas para o bem
estar social.

Nesse sentido o trabalhismo foi
considerado por Leonel Brizola como o
"socialismo moreno", e é por isso que o
PDT é o único partido político brasileiro
filiado à Internacional Socialista. [carece de
fontes]

Fundação

A fundação do PDT é considerada a Carta
de Lisboa, de 17 de junho de 1979.

Com a iminência da assinatura da Lei da Anistia, <u>Leonel Brizola</u>, que após a morte de <u>João Goulart</u> se tornou o líder natural do trabalhismo democrático brasileiro, convoca personalidades progressistas que se encontravam no exílio, assim como outros jovens vindos do Brasil ao "Encontro dos Trabalhistas do Brasil com Trabalhistas no Exílio" realizado na cidade de Lisboa, Portugal, para um congresso com vistas à reorganizar o movimento trabalhista no Brasil.

Deste Encontro, produziu-se a Carta de Lisboa, documento que continha as bases programáticas do partido político que Brizola pretendia reorganizar no contexto da redemocratização que se anunciava no fim da década de 1970, o <u>Partido Trabalhista Brasileiro</u> – PTB.

Segundo o <u>TSE</u>, sua fundação só ocorreu em maio de <u>1980</u> (seu registro, porém, só foi concedido em <u>1981</u>).

A disputa pela legenda do PTB

Com a Anistia Política concedida em

agosto de 1979, e a volta do pluripartidarismo ao sistema eleitoral brasileiro, muitos políticos ao voltarem do exílio, tentaram recuperar os antigos partidos políticos que existiam antes do início da Ditadura Militar (período pré-1964).

Com a morte de João Goulart durante o período ditatorial, Leonel Brizola surge naturalmente como o principal líder do antigo PTB, e após sua chegada ao país, tenta reorganizar a legenda. Porém, é surpreendido pela ação concorrente de Ivete Vargas, sobrinha-neta de Getúlio Vargas, que também reivindica para si o controle da legenda PTB.

Após disputas judiciais, o TSE decide finalmente conceder a legenda ao grupo liderado por Ivete Vargas, que agrupava políticos que não coadunavam com os ideais trabalhistas históricos do partido, sem também possuírem uma história partidária no antigo PTB.

Nomes como o de Jânio Quadros (político

que se elegeu Presidente da República em 1960 fazendo oposição ao PTB) e <u>Sandra Cavalcanti</u> (secretária de Carlos Lacerda da UDN) encontraram abrigo no "novo" PTB.

Na época, acusou-se <u>Golbery do Couto e Silva</u> de tramar a cessão da sigla para Ivete, a fim de enfraquecer o grupo de Brizola, então um dos políticos mais populares do país, e ferrenho opositor da Ditadura.

Inconformados com tal atitude, considerando que o novo PTB não representava mais os ideais trabalhistas históricos, o grupo liderado por Leonel Brizola foi obrigado a formar um novo partido, o Partido Democrático Trabalhista. – PDT.

Um dos fatos mais marcantes da perda da legenda PTB foi a cena em que Leonel Brizola chora copiosamente e rasga um papel com a sigla PTB dizendo: "Consumou-se o esbulho".

No dia seguinte, a foto desta cena é

publicada no Jornal do Brasil ao lado do seguinte poema de <u>Carlos Drummond de Andrade</u>:

Vi um homem chorar porque lhe negaram o direito de usar três letras do alfabeto para fins políticos.

Vi uma mulher beber champanha porque lhe deram esse direito negado ao outro.

Vi um homem rasgar o papel em que estavam escritas as três letras, que ele tanto amava.

Como já vi amantes rasgarem retratos de suas amadas, na impossibilidade de rasgarem as próprias amadas.

Vi homicídios que não se praticaram mas foram autênticos homicídios: o gesto no ar, sem consequência, testemunhava a intenção.

Vi o poder dos dedos. Mesmo sem puxar gatilho, mesmo sem gatilho a puxar, eles consumaram a morte em pensamento.

Vi a paixão e todas as suas cores. Envolta

em diferentes vestes, adornada de complementos distintos, era o mesmo núcleo desesperado, a carne viva; E vi danças festejando a derrota do adversário, e cantos e fogos. Vi o sentido ambíguo de toda festa. Há sempre uma anti-festa ao lado, que não se faz sentir, e dói para dentro.

A política, vi as impurezas da política recobrindo sua pureza teórica. Ou o contrário... Se ela é jogo, como pode ser pura?... Se ela visa o bem geral, por que se nutre de combinações e até de fraude? Vi os discursos..."

Jornal do Brasil, Rio de Janeiro, 15 de maio de 1980, Caderno B. P. 1

História

O PDT é um dos mais tradicionais partidos criados após a abertura política no final do regime militar.

Década de 1980

Dando sequência ao processo de abertura

política no país, o regime militar restabelece o pluripartidarismo e convoca as primeiras eleições gerais diretas (com exceção dos cargos de Presidente da República, prefeitos de capitais e prefeitos de cidades designadas como áreas de segurança nacional) em 1982. Com apenas um ano de existência, o PDT sai das eleições como o terceiro maior partido brasileiro, ficando atrás somente dos partidos tradicionais, PDS (substituto da ARENA) e PMDB (substituto do MDB), se apresentando como a primeira força de esquerda do país, posição que manterá até meados da década de 1990.

Nas eleições majoritárias (governos estaduais e renovação de 1/3 do Senado Federal) o PDT foi o único dos novos partidos a conseguir vitórias.

O PDS ganhou 12 estados, concentrando-se mais no Nordeste brasileiro, o PMDB ganhou 9 estados, e o PDT ganhou no Rio de Janeiro com Leonel Brizola para o governo estadual e Saturnino Braga para o Senado Federal.

Nas eleições proporcionais, o PDT elege
24 deputados federais, ficando atrás
somente de PDS (235 deputados) e PMDB
(200 deputados), e na frente do PTB (13
deputados) e do PT (8 deputados).

No plano nacional, o partido se posiciona
como oposição ao governo
do General João Figueiredo.

Pouco tempo depois, Leonel Brizola e o
PDT, junto com os outros partidos e
lideranças partidárias consideradas
progressistas, lideram a Campanha
das Diretas Já! em favor da realização de
eleições diretas para o cargo de Presidente
da República.

Apesar da grande manifestação popular
em favor da aprovação da Emenda Dante
de Oliveira pelo Congresso Nacional
em 1984, ela não foi aprovada por uma
diferença mínima de apenas 22 votos,
sendo as próximas eleições presidenciais
realizadas indiretamente através de um
Colégio Eleitoral.

Durante a eleição indireta, o PDT apoia a

eleição do candidato do PMDB, <u>Tancredo Neves</u>, que consegue a vitória graças à dissidência da candidatura governista, a chamada <u>Frente Liberal</u>, que insatisfeita com a escolha do candidato do PDS, <u>Paulo Maluf</u>, apoiou a candidatura de Tancredo Neves.

Com a morte de Tancredo Neves, assume em seu lugar o vice-presidente de sua chapa, <u>José Sarney</u>, dissidente do PDS/ARENA e integrante da Frente Liberal.

Tendo em vista esse acontecimento, o PDT se posiciona como oposição ao governo José Sarney.

Em <u>1985</u>, nas primeiras eleições diretas para municípios capitais de estado, o PDT ganha o controle da cidade do Rio de Janeiro com a eleição de Saturnino Braga, e de Porto Alegre com <u>Alceu Collares</u>.

Em <u>1986</u>, ano eleitoral, o presidente José Sarney lança o <u>Plano Cruzado</u>, criticado abertamente por Brizola.

Após sucesso inicial do plano com o estancamento da crise econômico-financeira pela qual o país passava, o partido do presidente, o PMDB elege 22 dos 23 governos estaduais.

Apesar da boa avaliação do PDT, o partido não consegue eleger o vice-governador fluminense <u>Darcy Ribeiro</u> como sucessor de Brizola, graças ao Plano Cruzado, que beneficiou seu rival do PMDB, <u>Moreira Franco</u>, que Brizola o apelidara como "gato angorá". Moreira Franco, ex-PDS, era apoiado por partidos de centro-direita: PFL, PTB, PL e outros.

Pouco tempo depois das eleições, o plano se mostra um fracasso, confirmando as declarações de Brizola, e a crise volta.

Confirmando sua ascensão, nas eleições municipais de <u>1988</u>, O PDT elege prefeito de quatro capitais:

- <u>Marcello Alencar</u> no <u>Rio de Janeiro</u>,
- <u>Jackson Lago</u> em <u>São Luís</u>,
- <u>Jaime Lerner</u> em <u>Curitiba</u>, e
- <u>Wilma de Faria</u> em <u>Natal</u>.

Em <u>1989</u>, com a primeira eleição direta para o cargo de <u>Presidente da República</u>, o PDT lança como seu candidato <u>Leonel Brizola</u>.

Depois de uma campanha acirrada, Brizola chega em terceiro lugar perdendo uma vaga no segundo turno por uma diferença de apenas 0,5% dos votos para o segundo colocado, o candidato do PT, <u>Luís Inácio Lula da Silva</u>.

No segundo turno o PDT apoia a candidatura de Lula, que perde a eleição para o candidato conservador do pequeno <u>PRN</u>, <u>Fernando Collor de Melo</u>, apoiado pelas forças conservadoras e com grande apoio da mídia (lembre-se a edição manipulada do último debate presidencial a favor de Collor pela <u>Rede Globo</u>).

Atuação durante a Assembleia Nacional Constituinte

Nas eleições de 1986, o PDT elege 24 deputados federais, que viriam a ser constituintes durante esta legislatura.

A atuação do PDT durante a Constituinte foi marcada pela defesa dos temas nacionalistas.

O partido apoiou o presidencialismo, a jornada semanal de 40 horas, o monopólio estatal do petróleo e se posicionou contra os cinco anos de mandato para o Presidente José Sarney.

Década de 1990

As eleições de 1990 marcam o apogeu do PDT com a eleição de 3 governadores de estado, Leonel Brizola no RJ, Alceu Collares no RS, e Albuíno Azeredo no ES.

Além disso, elegeu 46 deputados federais, a melhor performance eleitoral de toda a sua história.

No plano nacional o partido se posicionou como oposição ao governo Collor.

Apesar de as eleições de 1990 terem sido o auge do partido no campo eleitoral, sua situação ao longo da década será de declínio, acentuado após as eleições de 1994, passando a dividir com o PT a liderança da <u>esquerda</u> no plano nacional, vindo até mesmo ser ultrapassado por este no fim da década.

Isso se deu em grande parte em razão do criticado desempenho de seus governadores e da demora de tomada de posição a favor das investigações contra o Presidente Collor.

É nesse período que figuras importantes do partido começam a criar dissidência e sair do partido como por exemplo,

- <u>César Maia</u>,
- <u>Marcello Alencar</u>,
- <u>Saturnino Braga</u> e
- <u>Jamil Haddad</u>

no Rio de Janeiro.

Com as primeiras denúncias de corrupção contra o ex-presidente <u>Fernando Collor</u>, o PDT não apoiam de imediato as pressões para a instalação de uma CPI, só vindo a mudar de posição pouco tempo depois com o agravamento das denúncias.

A partir daí, o PDT entra fortemente na luta

pelo impeachment do presidente Collor.

Afastado da presidência pelo Congresso Nacional, <u>Itamar Franco</u> assume o poder.

Durante seu governo, é realizado um plebiscito para a escolha do sistema de governo no país, e o PDT é o único partido que se posiciona desde o início a favor do <u>presidencialismo</u>.

Com o não avanço das ideias parlamentaristas, vários partidos começam a mudar de posição e a defender também o presidencialismo, que sai vitorioso.

Na mesma época, o PDT se empenhou firmemente no combate à Revisão Constitucional, que fracassou.

Nas eleições gerais de <u>1994</u>, o PDT apresenta mais uma vez Leonel Brizola como candidato a presidente, conseguindo porém, apenas a 5ª colocação.

Para os governos estaduais, o PDT consegue eleger somente 2 governadores, <u>Jaime Lerner</u> no estado do <u>Paraná</u>, que pouco tempo depois se

muda para o PFL, e Dante de Oliveira,
no Mato Grosso, que mais tarde,
engrossaria as fileiras do PSDB, perdendo
o PDT o controle de qualquer governo
estadual, sofrendo um processo de
esvaziamento. O partido elege 34
deputados federais e 4 senadores.

Com a vitória do candidato do
PSDB, Fernando Henrique Cardoso para o
cargo de Presidente da República, e a sua
consequente reeleição em 1998, o quadro
político brasileiro inicia um período político
relativamente estável e sem alteração até o
início dos anos 2000.

O PDT, considerando o governo
de FHC neoliberal e destruidor da
chamada Era Vargas, e junto com o PT se
posiciona firmemente como oposição a seu
governo, chegando até mesmo a fazer
campanha pela sua renúncia.

É a partir deste período que o PDT perde a
liderança na esquerda para o PT.

Nas eleições municipais de 1996, o PDT
consegue 9% dos votos nacionais,

permanecendo como o quinto maior partido nacional, e nas eleições de <u>1998</u>, o PDT resolve formar uma coligação com PT, tendo Leonel Brizola como vice na chapa de <u>Lula</u>.

Apesar da união dos sois principais partidos de esquerda, a chapa consegue apenas um segundo lugar, conseguindo o Presidente FHC se reeleger.

Já para a Câmara Federal, o PDT elege uma bancada de 25 deputados.

Em relação aos governos estaduais, o PDT volta a eleger um governador, <u>Anthony Garotinho</u> no Rio de Janeiro, porém antes de terminar seu mandato, mais uma vez o PDT vê seus quadros serem diminuídos com a expulsão de Antony Garotinho e o consequente desligamento de seus correligionários.

Década de 2000

Com seu último grande esvaziamento, o PDT soma apenas 6,6% dos votos nacionais nas eleições municipais de 2000, ficando apenas como o sétimo maior partido nacional, caindo para a classificação de partido de porte médio.

Em 2001, após serem expulsos do PSDB, os irmãos Senadores Álvaro Dias e Osmar Dias, do Paraná, ingressam no PDT por convite de Leonel Brizola.

Nas eleições de 2002, o PDT resolve não lançar candidato a presidente, porém, forma a Frente Trabalhista com o PPS e o PTB apoiando a candidatura de Ciro Gomes que não obtém sucesso, conseguindo somente a quarta colocação.

No segundo turno, o PDT resolve apoiar o candidato do PT, Lula, que vence a eleição contra o candidato da situação, José Serra do PSDB.

Em relação às eleições estaduais, o partido volta a eleger um governador com Waldez Goes pelo estado do Amapá e uma bancada de apenas 19 deputados federais.

Com a vitória de Lula, o PDT é convidado para fazer parte do governo através de sua ação no Ministério das Comunicações, tendo como seu ministro, o então deputado federal Miro Teixeira. Por discordar desse apoio, o Senador Álvaro Dias deixa o partido.

Após um ano de governo, entretanto, a primeira experiência governista do PDT chega ao fim. Discordando da política adotada por Lula, o partido rompe como governo, devolve todos os cargos aos quais ocupava no governo federal, passando a ser oposição.

Em junho de 2004, vitima de um infarto o fundador e líder do PDT Leonel Brizola morre, levando a crer no fim de sua legenda.

Porém, o desempenho do partido nas eleições municipais do mesmo ano deram um novo fôlego ao partido. Mesmo com a morte de Brizola o partido continuou na oposição. Após a crise do Mensalão, vários políticos migraram para o partido, entre eles o senador e ex-ministro da Educação de Lula, Cristovam Buarque.

Nas eleições de 2006, o PDT resolve lançar candidato à Presidência da República com a candidatura de Cristovam Buarque, que obtém apenas a quarta colocação com 3% dos votos.

No entanto, para os cargos legislativos, o partido melhora seu desempenho, elegendo uma bancada de 24 deputados federais e 5 senadores, obtendo quase 6% dos votos nacionais, voltando a ser o quinto maior partido brasileiro, atrás apenas de PMDB, PT, PSDB e PFL.

No segundo turno, o PDT apoia novamente o candidato Lula, que vence a eleição contra o candidato oposicionista, Geraldo Alckmin do PSDB.

Com relação às eleições estaduais, o PDT elege 2 governadores, Waldez Góes no Amapá e Jackson Lago no Maranhão, pondo fim a 40 anos de predomínio da família Sarney no estado. Mesmo não sendo eleito, o Senador Osmar Dias atinge 49,90% dos votos no segundo turno das eleições para Governador do Paraná.

Devido ao apoio recebido pelo PDT no segundo turno das eleições, o PDT é novamente chamado a fazer parte do governo.

Ao partido cabe colaborar com sua ação através do <u>Ministério do Trabalho</u> sendo seu titular, o então presidente do partido, <u>Carlos Lupi</u>, realidade que se mantém até a atualidade.

Nas eleições municipais de 2008, o PDT, elege somente o prefeito de uma capital, Roberto Góes em <u>Macapá</u>.

No cômputo geral, o PDT ficou com a sexta posição entre os partidos brasileiros em número de votos com 5,96 milhões de votos, atrás de PMDB (18,42 mi), <u>PT</u> (16,48 mi), PSDB (14,45 mi), <u>DEM</u> (9,29 mi) e <u>PP</u> (6,09 mi).

Esse grande número foi traduzido em um crescimento de aproximadamente 15% no número de prefeitos eleitos pelo PDT, que passou de 297 no primeiro turno de 2004 para 344 prefeitos eleitos no primeiro turno de 2008, ficando, porém, apenas na oitava posição atrás de

- PMDB (1194),
- PSDB (780),
- PT (548),
- (547),
- DEM (494),
- PTB (412)
- PR (382) respectivamente.

Situação atual

Dados do TSE colocam o PDT na lista dos partidos grandes (mais de um milhão de filiados), como o quinto maior partido do país.

Dentre as novas lideranças do partido, destacam-se

a) José Antônio Machado Reguffe, do Distrito Federal;
b) Pedro Taques, do Mato Grosso;
c) Edio Hensel,
d) José Fortunati e
e) Vieira da Cunha, do Rio Grande do Sul;
f) Brizola Neto, do Rio de Janeiro;
g) Paulinho da Força e

h) João Roberto Dado, de São Paulo;

i) Gustavo Fruet, do Paraná;

j) Manato, do Espírito Santo,

k) André Figueiredo, do Ceará e

l) Flávia Morais, de Goiás.

Os recentes anos do PDT caracterizam-se pela busca de um novo posicionamento político e ideológico após o falecimento de Leonel Brizola, seu principal líder e fundador.

Há uma divisão entre os que continuam a defender os princípios trabalhistas e socialistas norteadores da elaboração da Carta de Lisboa (dotados de um posicionamento mais à esquerda que o próprio PT da presidente Dilma Rousseff) e os que reivindicam uma visão mais pragmática e conservadora da atividade política.

Esses últimos em geral são políticos que já foram filiados a outros partidos.

Atualmente o PDT faz parte do governo Dilma, da mesma forma que apoiou Lula.

Não conta com governadores em exercício dentro dos seus quadros.

Seu último governador foi o do estado do Amapá, <u>Waldez Góes</u>.

Ranking da corrupção

Com base em dados divulgados pelo <u>Tribunal Superior Eleitoral</u>, o <u>Movimento de Combate à Corrupção Eleitoral</u> divulgou um <u>balanço</u>, em <u>4 de outubro</u> de <u>2007</u>, com os partidos com maior número de parlamentares cassados por corrupção desde o ano 2000.

O PDT ocupa a sexta posição no ranking, com 23 cassações, atrás do <u>DEM</u>, <u>PMDB</u> e <u>PSDB</u>, <u>PP</u>e <u>PTB</u>.2

Cargos importantes ocupados por membros do PDT[<u>editar</u>]

- <u>Ministro do Trabalho</u> - <u>Manoel Dias</u>

- Prefeito de <u>Porto Alegre</u> (<u>RS</u>) - <u>José Fortunati</u>

- Prefeito de <u>Curitiba</u> (<u>PR</u>) - <u>Gustavo Fruet</u>

- Prefeito de <u>Natal</u> (<u>RN</u>) - <u>Carlos Eduardo Alves</u>

- Prefeito de <u>Caruaru</u> (<u>PE</u>) - <u>José Queiroz</u>

- Prefeito de <u>Cascavel</u> (<u>PR</u>) - <u>Edgar Bueno</u>

- Prefeito de <u>São João de Meriti</u> (<u>RJ</u>) - <u>Sandro Matos</u>

Membros ilustres[editar]

- <u>Alceu Collares</u>, ex-governador do <u>RS</u>

- <u>Alcymar Monteiro</u>, Compositor e Artista Popular.

- <u>Beth Carvalho</u>, cantora

- <u>Carlos Alberto de Oliveira (Caó)</u>, ex-deputado federal

- <u>Carlos Alberto Torres</u>, ex-futebolista

- <u>Celso Portiolli</u>, apresentador e ex-vereador em Ponta Porã (MS)\

- <u>Cibilis Viana</u>, economista

- <u>Cidinha Campos</u>, radialista e deputada estadual do RJ

- <u>Cristovam Buarque</u>, senador e ex-governador do <u>DF</u>

- <u>Evandro Leitão</u>, presidente do <u>Ceará Sporting Club</u>

- <u>Fernanda Montenegro</u>, atriz[carece de fontes]

- <u>Gilberto Felisberto Vasconcellos</u>, sociólogo

- <u>José Antônio Machado Reguffe</u>, jornalista, economista e deputado federal pelo <u>DF</u>

- <u>José Walter Bautista Vidal</u>, físico

- <u>Juarez Soares</u>, comentarista esportivo e ex-vereador em <u>São Paulo</u> (SP)

- <u>Miro Teixeira</u>, jornalista e deputado federal do <u>RJ</u>

- <u>Osmar Dias</u>, ex-senador pelo <u>PR</u>

- <u>Pedro Taques</u>, ex-procurador do Ministério Publico Federal e senador pelo <u>Mato Grosso</u>

- <u>Roberto D'Ávila</u>, jornalista e ex-deputado federal

- <u>Rossano Gonçalves</u>, ex-deputado estadual e prefeito de São Gabriel

- <u>Valdir Espinosa</u>, ex-técnico de futebol

- <u>Zezé Perrella</u>, presidente do <u>Cruzeiro Esporte Clube</u>

Membros Históricos[<u>editar</u>]

- <u>Abdias do Nascimento</u>, (1914-2011), escritor e ativista negro

- <u>Benedicto Cerqueira</u>, (1919-1982), metalúrgico

- <u>Darcy Ribeiro</u> (1922-1997), antropólogo e senador

- <u>Doutel de Andrade</u>, (1920-1991), jornalista, advogado e ex-deputado federal pelo <u>RJ</u> e <u>SC</u>

- <u>Francisco Julião</u> (1915-1999), escritor, político e militante das <u>Ligas Camponesas</u>

- <u>Jackson Lago</u> (1934-2011), médico, ex-prefeito de São Luís e ex-governador do <u>MA</u>

- Jefferson Peres (1932-2008), senador do AM

- Leonel Brizola (1922-2004), fundador do partido e ex-governador do RS e RJ

- Lysâneas Maciel (1916-1999), ex-deputado federal (RJ) e vereador da cidade do Rio de Janeiro.

- Lidovino Antonio Fanton (1920-1982), fundador do partido, ex- deputado estadual (RS) e federal

- Luís Carlos Prestes (1898-1990), militar, ex-senador, ex-Secretário Geral do PCB

- Mário Juruna (1942-2002), cacique indígena e ex-deputado federal

- Moacir C. Lopes (1927-2010), escritor e novelista

- Neiva Moreira (1917-2012), jornalista e político

Ex-membros de destaque[editar]

- Ademar de Barros Filho, ex-deputado

- Agnaldo Timóteo, ex-deputado federal pelo PDT, cantor e vereador

- Almino Affonso, ex-vice-governador de São Paulo

- Alvaro Dias, ex-governador do Paraná e Senador

- Anthony Garotinho, ex-governador do RJ pelo PDT

- Albuíno Cunha de Azeredo, ex-governador do ES pelo PDT

- Beto Mansur, deputado federal e ex-prefeito de Santos

- Carlos Imperial, apresentador e ex-vereador

- Carlos Minc, ex-ministro do Meio Ambiente e deputado estadual do Rio de Janeiro

- César Maia, ex-deputado federal pelo PDT e ex-prefeito do Rio de Janeiro

- Dilma Rousseff, atual presidente do Brasil .

- Emília Fernandes, ex-senadora pelo PDT

- Epitácio Cafeteira, senador, ex-prefeito e ex-governador do Maranhão

- Fernando Lyra, ex-Ministro da Justiça e ex-deputado federal por Pernambuco pelo PDT

- Francisco Rossi, deputado federal, ex-secretário de esportes e ex-prefeito de Osasco

- Jacó Bittar, ex-prefeito de Campinas

- Jaime Lerner, ex-governador do Paraná eleito pelo PDT e ex-prefeito de Curitiba pelo PDT

- João Herrmann Neto, ex-prefeito de Piracicaba e deputado federal por São Paulo pelo PDT

- Júnia Marise, ex-senadora por Minas Gerais pelo PDT

- Lavoisier Maia, deputado estadual, ex-deputado federal, ex-senador, ex-governador do Rio Grande do Norte

- Leonel Pavan, ex-prefeito, ex-deputado federal, ex-senador e vice-governador de <u>Santa Catarina</u>

- <u>Lúcio Alcântara</u>, ex-senador e ex-governador do <u>Ceará</u>

- <u>Magno Bacelar</u>, ex-deputado e ex-senador pelo <u>Maranhão</u>

- <u>Mangabeira Unger</u>, ex-<u>Ministro de Assuntos Estratégicos</u>

- <u>Marcello Alencar</u>, ex-prefeito do Rio de Janeiro pelo PDT e ex-governador do Rio de Janeiro

- <u>Maurício Corrêa</u>, ex-presidente do <u>STF</u>, ex-ministro e ex-senador pelo <u>DF</u> pelo PDT

- <u>Milton Zuanazzi</u>, engenheiro

- <u>Myriam Rios</u>, atriz e deputada estadual eleita pela PDT

- <u>Otavio Leite</u>, ex-vice-prefeito do <u>Rio de Janeiro</u>

- <u>Paulo Maia</u>, ex-deputado pelo <u>Paraná</u>

- <u>Rafael Greca</u>, ex-prefeito de <u>Curitiba</u>, ex-deputado federal pelo <u>Paraná</u> pelo PDT e ex-ministro.

- <u>Rogê Ferreira</u>, advogado e ex-deputado federal por <u>São Paulo</u>.

- <u>Saturnino Braga</u>, ex-prefeito do <u>Rio de Janeiro</u> e ex-senador pelo PDT

- <u>Sereno Chaise</u>, ex-prefeito de <u>Porto Alegre</u> pelo PDT

- <u>Sérgio Guerra</u>, senador por <u>Pernambuco</u> e presidente nacional do <u>PSDB</u>

- <u>Wagner Montes</u>, deputado estadual do <u>RJ</u> pelo PDT

- <u>Waldir Pires</u>, ex-ministro e ex-governador da <u>Bahia</u>

- <u>Wilma de Faria</u>, governadora do <u>Rio Grande do Norte</u> e ex-prefeita de <u>Natal</u> pelo PDT

Referências

1. ↑ Tribunal Superior Eleitoral: <u>Partidos políticos registrados no TSE</u>, acessado em <u>25 de julho</u> de <u>2007</u>

2. ↑ <u>Desde 2000, 623 políticos foram cassados. DEM lidera ranking</u>. O Globo.

Página visitada em 11 de julho de 2010.

PARTIDO TRABALHISTA BRASILEIRO –
PTB

Partido Trabalhista Brasileiro (PTB) é
um partido político brasileiro, tendo existido
durante dois períodos: no período
democrático de1945 a 1965 e sendo
recriado após a Abertura do Regime Militar.
Seu código eleitoral é o 14.2

1 O PTB de Vargas

- 2 O PTB atual

- 3 Ranking da corrupção

- 4 Bancada na Câmara dos Deputados

  o 4.1 Composição atual

  o 4.2 Bancada eleita para a legislatura

- 5 Participação do partido nas eleições
  presidenciais

- 6 Presidentes do PTB

  o 6.1 Presidentes do atual PTB

- 7 Referências

- 8 Ligações externas

O PTB de Vargas

O PTB foi fundado no Rio de
Janeiro (então Distrito Federal), em 15 de
maio de 1945 sob a inspiração de Getúlio
Vargas, seu maior líder e no bojo
do Queremismo, movimento popular cuja
consigna era Queremos Getúlio e que
propunha uma Assembleia
Constituinte com Getúlio na Presidência da
República. Além de Getúlio, a fundação do
PTB foi articulada pelo seu Ministro do
Trabalho, Alexandre Marcondes Filho.

Sua base eleitoral era o operariado urbano,
com forte ligação com os sindicatos.
Ideologicamente, as raízes do PTB são
o castilhismo gaúcho, o positivismo, traços
de social-democracia e o pensamento
de Alberto Pasqualini, o maior ideólogo do
PTB.

Entre 1945 e 1964 foi o PTB o partido que
mais cresceu, tanto em número de votos,
quanto em número de filiados: em 1946 o
PTB tinha 22 deputados federais;
elevando-se a bancada para 66, em 1958,

e em <u>1962</u> já tinha 116.

Isto refletiu a crescente urbanização e industrialização que o Brasil experimentou naqueles anos.

O PTB era, entre os grandes partidos de então, o mais à esquerda, e era constantemente acusado pelos opositores de ter políticas <u>comunistas</u>.

O programa partidário do PTB pregava alguns alhos as reformas, como a urbana, a agrária e a educativa, e tinha ênfase no crescimento econômico, desenvolvimento industrial, nacionalização de recursos e na educação.

Estava incluído no contexto <u>populista</u> que dominou a prática política a partir do <u>Estado Novo</u> em diante.

Foi criado, entre outros motivos, para servir de anteparo, na classe popular e trabalhadora, à influência do Partido Comunista, e demais organizações de esquerda.

O PTB era extremamente forte

eleitoralmente quando coligado ao <u>PSD</u>, também criado por simpatizantes de Getúlio, mas sustentado principalmente pelas classes médias e o empresariado, tendo uma política conservadora em comparação ao PTB. Esta coligação tinha como principal adversário a <u>UDN</u>, partido de direita conservador.

O PTB apoiou o PSD nas eleições de 1945, quando foi eleito <u>Eurico Gaspar Dutra</u>. Em <u>1950</u>, o PTB teve candidato próprio: Getúlio Vargas, enquanto o <u>PSD</u> lançou <u>Cristiano Machado</u>.

Vargas voltou ao poder nos braços do povo e só deixaria o Palácio do Catete morto, após forte oposição da UDN e de <u>Carlos Lacerda</u> em especial, para demovê-lo do poder.

Nas eleições de <u>1955</u>, a coligação volta à presidência com o pessedista <u>Juscelino Kubitschek</u> e o trabalhista <u>João Goulart</u>.

Jango, eleito vice-presidente, fez mais votos que JK. Jango seria reeleito vice-presidente em 1960, sendo <u>Jânio</u>

Quadros eleito presidente. Jânio, apoiado pela UDN, infringiu a única derrota do PSD/PTB em eleições presidenciais no primeiro período democrático brasileiro.

O candidato do PSD era o Marechal Henrique Teixeira Lott.

Ao final dos anos 60, o PTB tinha uma ala mais conservadora e centrista, com Lucio Meira, Fernando Ferrari, Pasqualini, Ivette Vargas, Gilberto Mestrinho e outra mais próxima à esquerda, cujos maiores expoentes foram Leonel Brizola, Santiago Dantas, Sergio Magalhães, Almino Afonso, José Gomes Talarico e Rubens Paiva, e se nuclearam na ala "concentrada", e na Frente Nacionalista, que propunha aceleração das reformas sociais.

Em 25 de agosto de 1961 Jânio Quadros renuncia ao cargo, e as forças militares brasileiras tentam impedir a posse de Jango, tendo início a Campanha da Legalidade, comandada por Leonel Brizola, governador do Rio Grande do Sul pelo PTB.

Jango acaba empossado num sistema parlamentarista, que é repudiado pela população dois anos depois. Jango seria deposto pelo Golpe militar de 1964.

Durante a Ditadura, implantada para combater supostos movimentos comunistas, se perseguiu e cassou principalmente políticos trabalhistas, como foi o caso de Jango, Brizola, Rubens Paiva, e Sereno Chaise, entre outros, além de lideranças comunitárias, sindicais e estudantis ligadas ao partido.

Em 1965, através do AI-2, o PTB foi extinto, assim como todos os partidos políticos até então existentes.

A quase totalidade dos petebistas que não haviam sido cassados ou fugido do país migrou então para o recém criado MDB.

O bipartidarismo durou até 1979, quando o então presidente João Figueiredo, restaurou o pluripartidarismo no processo de Abertura política.

O PTB atual

Após a anistia, diversos trabalhistas históricos voltaram do exílio, de onde vinham organizando a reestruturação do partido, principalmente sobre a liderança de <u>Leonel Brizola</u>.

Houve então uma acirrada disputa pelo nome, pela sigla e pela legenda do PTB, entre o grupo de Brizola e o grupo liderado pela ex-deputada <u>Ivete Vargas</u>, sobrinha de Getúlio Vargas, e antiga presidente do PTB paulista.

Tendo o <u>Tribunal Superior Eleitoral</u> dado ganho de causa ao grupo de Ivete, o grupo de Brizola funda então o <u>Partido Democrático Trabalhista</u>, PDT.

O registro provisório do PTB junto ao TSE ocorreu em <u>1980</u>.

Na época, acusou-se <u>Golbery de Couto e Silva</u> de tramar a cessão da sigla para Ivete, a fim de enfraquecer o grupo de Brizola.

Em 1980, o PTB tinha apenas um deputado federal, Jorge Cury, do RJ, e nas

eleições de 1982, o PTB elegeu 13
deputados federais: 5 no RJ e 8 em SP,
levados por mais de 270 mil votos de
Ivette, além de ter lançado o nome do ex-
presidente Jânio Quadros para a disputa
do governo paulista.

Ivete faleceu em 3 de janeiro de 1984.
Em 1985, o PTB conquista a prefeitura da
maior cidade do país, São Paulo, graças à
força personalística de Jânio Quadros que,
no entanto, tinha pouco compromisso com
o programa do partido.

Jânio demonstrou esse desinteresse ao,
tão logo tomar posse em 1 de janeiro de
1986, se desfiliar do PTB, meses após.

Em 1986, o partido lança o empresário
Antônio Ermírio de Moraes para o Governo
de São Paulo, ficando na segunda
colocação perdendo para Orestes Quércia
mas ficando frente de Paulo Maluf. Ao
falecer, em 1983, Ivette Vargas foi
sucedida pelo então deputado federal
Ricardo Machado, de Ribeirão Preto.

Na Constituinte, o partido foi liderado pelo

deputado federal <u>Gastone Righi</u>, janista de SP.

De 1986 a 1991 foi presidido pelo ex-deputado Luiz Gonzaga de Paiva Muniz, do RJ, e após, pelo Senador paranaense José Carlos Martinez, finalmente sucedido por Roberto Jefferson, após seu falecimento.

Atualmente, seu número eleitoral é 14 e seu registro permanente data de <u>3 de novembro</u> de <u>1981</u>.

Apesar do atual PTB declarar-se em seu programa como nacionalista, defensor da autonomia sindical e dos direitos trabalhistas consagrados na <u>CLT</u>, sua praxe política tem sido de colaboração com o governo em exercício e de defesa de políticas <u>neoliberais</u>.

Apoiou o governo Figueiredo no Congresso a partir de 1983, obtendo, em troca, cargos de direção em órgãos públicos.

Viria a apoiar também todos os governos seguintes: os de <u>José Sarney</u>, <u>Fernando Collor de Mello</u>, <u>Fernando Henrique</u>

Cardoso e Luiz Inácio Lula da Silva. É, portanto, um partido de tendências adesistas, adepto do fisiologismo.

O PTB atual abrigou em suas fileiras políticos que se opunham eleitoralmente ao PTB clássico, como Jânio Quadros (embora tenha sido eleito deputado federal pelo PTB do Paraná em 1958), que se elegeu prefeito de São Paulo pelo partido em 1985, e foi também o candidato a Governador da legenda em 1982.

Mais recentemente, aceitou a filiação de o também ex-presidente Fernando Collor, que em 2006 se elegeu senador por Alagoas pelo nanico PRTB. A legenda possui força eleitoral significativa no Rio Grande do Sul e emSão Paulo.

Mas é no Nordeste, principalmente em Pernambuco, onde o partido se destaca, pois, dos atuais 7 senadores, 3 são desta região. Dos 23 deputados federais, 12 são nordestinos (Pernambuco possui 4), ao passo que o Rio Grande do Sul e São Paulo têm 3 deputados cada.

Apesar de se declarar como independente, apoia o <u>Governo Lula</u>, apoiou candidatos do <u>PT</u> aos governos estaduais, incluindo alguns vitoriosos, como no <u>Piauí</u> e na <u>Bahia</u>.

Em <u>1989</u>, o atual PTB postulou o nome do paranaense <u>Affonso Camargo</u> à Presidência da República, que obteve votação inexpressiva (0,5%). Sua votação para a Câmara federal em 2002 e 2006 tem oscilado entre 4 a 5% dos votos.

Em 2002 incorporou o <u>PSD</u> (Partido Social Democrático), e em 2007 incorporou o <u>PAN</u> (Partido dos Aposentados da Nação).

Seu presidente nacional é, novamente, <u>Roberto Jefferson</u>, <u>deputado federal</u> eleito pelo Rio de Janeiro (desde 1983), e que foi cassado em 2005 pela <u>Câmara dos Deputados</u> após denunciar o <u>Mensalão</u>, escândalo que envolveu diversos políticos filiados ao PTB.

Ranking da corrupção

Com base em dados divulgados pelo Tribunal Superior Eleitoral, o Movimento de Combate à Corrupção Eleitoral divulgou um balanço, em 4 de outubro de 2007, com os partidos com maior número de parlamentares cassados por corrupção desde o ano 2000.

O PTB ocupa a quinta posição no ranking, com 24 cassações.3

Na eleição presidencial de 1945 o PTB não apresentou candidato à Presidência da República. Naquele pleito, tampouco houve eleição para vice-presidente da República.

Presidentes do PTB

(1945-1948) Paulo Baeta Neves

- (1948-1950) Salgado Filho

- (1950-1951) Danton Coelho

- (1951-1952) Dinarte Dornelles

- (1952-1964) João Goulart

- (1964-1965) José Ermírio de Moraes

- (1965) Lutero Vargas

Presidentes do atual PTB[editar]

- (1980-1984) Ivete Vargas

- (1984) Ricardo Ribeiro

- (1984-1993) Luiz Gonzaga de Paiva Muniz

- (1993-1994) Manoel Antônio Rodrigues Paiva

- (1994-1999) José Eduardo de Andrade Vieira

- (1999-2003) José Carlos Martinez

- (2003-2005) Roberto Jefferson

- (2005-2006) Flávio Martinez

- (2006) Roberto Jefferson

Referências

1. ↑ http://www.ptb.org.br/?page=ConteudoPage&cod=33

2. ↑ Tribunal Superior Eleitoral: Partidos políticos registrados no TSE, acessado em 25 de julho de 2007

215

3. ↑ Desde 2000, 623 políticos foram
cassados. DEM lidera ranking. O Globo.
Página visitada em 11 de julho de 2010.

PARTIDO SOCIAL DEMOCRÁTICO – PSD

Partido Social Democrático (PSD) é um partido político brasileiro.5 Seu número é 55.6 7

1 História

- 2 Estatuto do partido

- 3 Bancada na Câmara dos Deputados

- 3.1 Composição atual

- 4 Referências

- 5 Ligações externas

História

O partido foi concebido a partir de políticos dissidentes do partido Democratas, do Partido Progressista, do PSDB, entre outros, encabeçados pelo então prefeito de São Paulo e Presidente Nacional do partido, Gilberto Kassab.8 Além de Kassab, o vice-governador de São Paulo Guilherme Afif Domingos, a presidente da Confederação Nacional da Agricultura e Pecuária e Senadora pelo Tocantins Kátia

Abreu, o Senador pelo Acre <u>Sérgio Petecão</u>, o governador de Santa Catarina <u>Raimundo Colombo</u>, o governador do Amazonas <u>Omar Aziz</u>,9o vice-governador da Paraíba <u>Rômulo Gouveia</u> e o ex-deputado federal pelo Rio de Janeiro <u>Indio da Costa</u> integram o PSD.8

A escolha do nome do partido trata-se de uma homenagem ao ex-presidente da República <u>Juscelino Kubitschek</u>, filiado ao homônimo <u>Partido Social Democrático</u>, que existiu entre 1945 e 1965.10

O partido estreou em eleições em 2012, após ter garantido pelo <u>STF</u> direito pelo fundo partidário e tempo eleitoral condizentes com o tamanho da bancada na <u>Câmara Federal</u>.

O partido foi o quarto a conseguir eleger prefeitos (497 cidades), ficando atrás apenas de <u>PMDB</u>,<u>PSDB</u> e <u>PT</u>.11 Entre as prefeituras, conseguiu eleger <u>Cesar Souza Junior</u> em <u>Florianópolis</u>11 e <u>Darcy Vera</u> em <u>Ribeirão Preto</u>.

Estatuto do partido

Entre o ideário do partido, que cita "A liberdade econômica pressupõe como requisito fundamental a garantia do direito de propriedade e o respeito aos contratos.", outros principais pontos são:12

- Direito de propriedade;

- Voto distrital;

- Transição do assistencialismo;

- Liberdade de imprensa;

- Promoção da igualdade;

- Respeito aos cidadãos pagadores de impostos;

- Reforma trabalhista;

- Liberdade e responsabilidade individual;

- Responsabilidade fiscal;

- Democracia partidária, com prévias para escolha de seus líderes.

Referências

1. ↑ Com número 55, PSD pedirá hoje registro ao TSE. ultimosegundo.ig.com.br. Página visitada em 27 de agosto de 2011.

2. ↑ Tribunal Superior Eleitoral. Partido Social Democrático. Página visitada em 29 de outubro de 2012.

3. ↑ PSD é partido 'de centro' e terá 'independência', afirma Kassab. g1.globo.com. Página visitada em 28 de setembro de 2011.

4. ↑ Fernando Rodrigues (19 de março de 2011). Kassab lança novo partido com apoio em nove estados. Folha online. Página visitada em 4 de outubro de 2011.

5. ↑ Justiça Eleitoral aprova criação do PSD de Kassab. folha.uol.com.br. Página visitada em 27 de setembro de 2011.

6. ↑ PSD faz convenção nacional e elege Kassab presidente da sigla. noticias.terra.com.br. Página visitada em 13 de agosto de 2011.

7. ↑ Tribunal Superior Eleitoral. Partidos políticos registrados no TSE. Página

visitada em 29 de outubro de 2012.

8. ↑ a b Kassab deve anunciar criação de partido até fim do mês. noticias.R7.com. Página visitada em 13 de março de 2011.

9. ↑ [1]

10.   ↑ Kassab lança novo partido em Salvador no domingo. Ig.com.br. Página visitada em 19 de março de 2011.

11.   ↑ a b Terra (29 de outubro de 2012). Novato em eleições, partido de Kassab terá 1 capital e 496 cidades. Página visitada em 29 de outubro de 2012.

12.   ↑ Legenda de Kassab defende a adoção do voto distrital. Folha.com. Página visitada em 19 de março de 2011.